决胜供应链

降本增效快响应

姜宏锋 著

DECISIVE SUPPLY CHAIN
reduce cost and increase efficiency,
respond quickly

机械工业出版社
CHINA MACHINE PRESS

图书在版编目（CIP）数据

决胜供应链：降本增效快响应 / 姜宏锋著 . —北京：机械工业出版社，2022.10
（2024.6 重印）
ISBN 978-7-111-71847-5

I. ①决… II. ①姜… III. ①企业管理 - 供应链管理 - 研究 IV. ① F274

中国版本图书馆 CIP 数据核字（2022）第 210284 号

决胜供应链：降本增效快响应

出版发行：机械工业出版社（北京市西城区百万庄大街 22 号 邮政编码：100037）
责任编辑：高珊珊　　　　　　　　　　　　　　责任校对：梁　园　王明欣
印　　刷：北京机工印刷厂有限公司　　　　　　版　　次：2024 年 6 月第 1 版第 2 次印刷
开　　本：170mm×240mm　1/16　　　　　　　印　　张：15
书　　号：ISBN 978-7-111-71847-5　　　　　　定　　价：69.00 元

客服电话：（010）88361066　68326294

版权所有·侵权必究
封底无防伪标均为盗版

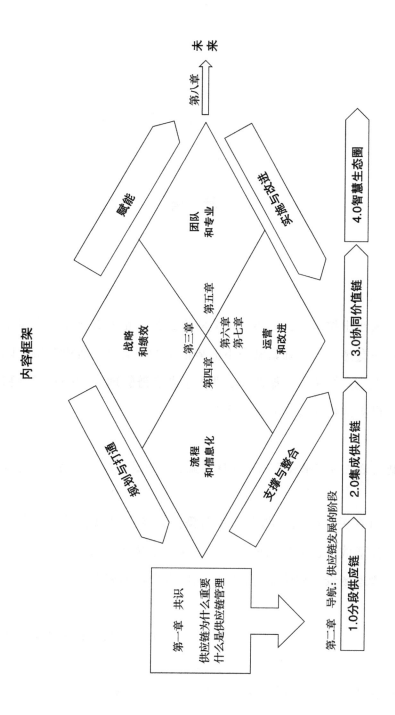

| 赞 誉 |

深入浅出接地气，战略战术配实操；倾囊相授育桃李，春风化雨甘润泥。——有感于姜老师紧贴当下形势推出的新著《决胜供应链：降本增效快响应》。这本书以清晰的脉络讲述了供应链管理中的关键问题和最新趋势，让供应链从业者都能从中受益。

吝超

锐捷网络股份有限公司原供应链总监、现任总裁助理兼商务部总经理

一直在关注姜老师的课程和书籍，姜老师对供应链管理有多年的研究，已然形成自己的独到见解。本书从理论架构到实践案例，还原了供应链真实管理场景，相信能为大家的工作带来新的启发。

陈洁云

七匹狼供应链事业部负责人

美国著名供应链管理专家马丁·克里斯托弗有一个观点："市场上只

有供应链而没有企业，真正的竞争不是企业与企业之间的竞争，而是供应链和供应链之间的竞争。"在全球经济新秩序及"一带一路"的大格局下，供应链管理越来越重要。如何让供应链的效益更好？姜宏锋老师的《决胜供应链：降本增效快响应》一书对于正处在转型升级过程中的企业，犹如一本行动指南，引领读者一步步走出误区，帮助企业在供应链的关键步骤上，颠覆传统观念，构建新的竞争优势，以独特的视野带领读者一窥供应链管理之美，帮助读者构建一个完整的供应链管理价值观。

奚家兴

沪上阿姨鲜果茶供应链负责人

姜老师的《决胜供应链：降本增效快响应》将供应链战略、科学有效的工具、细致入微的实施方法融入实际工作场景，为企业从总经理到一线员工提供了供应链管理的共同语言，将成为助你实现供应链管理高绩效的启明灯。

邢庆峰

费斯托（中国）自动化制造有限公司前供应商发展高级经理

与姜老师相识于多年前的一次采购培训，他犀利的观点和务实的精神给了我们很多业务发展上的帮助和启发。之后他多次为我公司进行采购内训，他超前的观点在我们这里得到了很好的实践和验证。很高兴姜老师继《采购4.0：采购系统升级、降本、增效实用指南》后，又为供应链和采购领域奉献了一本更加值得深入学习的力作《决胜供应链：降本增效快响应》，这本书让我们站在了更高的视角，开始全力驱动在战略层面为供应链赋能，为企业发展持续提供动力。

颜坤玲

厦门航空公司采购管理部副总经理

探索供应链的实用科学是姜老师的毕生追求。这本书将为你揭晓如何重塑以客户为中心、健壮的、柔性的供应链，提升供应链的竞争力，收获新红利。

林传科

高维学堂 CEO

供应链的知识绝对不只是供应链管理者才需要掌握的，企业创始人和各职能高管都应该了解。姜宏锋老师是 DISC 双证班社群的联合创始人，同时也是供应链领域最有影响力的传播者之一，他帮助了很多 DISC 双证班的毕业生。期待更多的读者从姜老师的新书中获益。

李海峰

DISC 双证班社群联合创始人

一个有效的供应链体系能对组织的经营目标产生巨大的影响。姜宏锋老师的这本书对供应链管理最佳实践进行了全面的总结和剖析，为企业制定和实施供应链战略提供了明晰的框架。相信读者能从这些颇有见地的讲述中有所收获。

杨远

无锡市供应链管理协会常务副会长兼秘书长

宏锋实践不息、笔耕不辍。通过鲜活的场景、风趣的语言，本书将先进的供应链管理理论方法与务实的企业实践案例有机地联系起来，让读者轻松阅读，就像置身于课堂，边听边看边思考，同时可以马上付诸行动。

许志端

厦门大学管理学院教授、博士生导师

厦门大学中国供应链管理研究中心主任

推荐序一

前不久，好友姜宏锋老师打电话给我，说他的新书《决胜供应链：降本增效快响应》即将付梓，希望我为之作序。我虽答应得很痛快，其实心里还是很忐忑的，唯恐弹不准旋律，跟不上调子。我了解姜老师的为人、做事风格以及深厚的专业功底，料定这本新书定有分量。之前，他出版的《采购4.0：采购系统升级、降本、增效实用指南》一书，就备受好评。

在此之前，朋友圈中已在盛传姜老师写作的故事，说是他承诺要在某一时间完成新书的创作，如果完不成，甘受处罚云云。当然，我知道，那是他自加的压力以及朋友们的善意督促。作为好友，我在心里默默地为他加油、鼓劲和祝福，希望他的大作早日问世。

十分幸运的是，姜老师请我为新书作序，给了我先睹为快的机会。

我从事行业供应链管理方面的工作，也读过一些此类书籍，但囿于个人视野，读的书偏重理论的多，指导操作层面的少。酌盏清茶，甫一展卷，《决胜供应链：降本增效快响应》鲜明的立意、精湛的选点、丰富的内容、简洁的描述便尽入眼中。一口气读完，顿生感慨。二读、三读，每读一遍感受和认知都在升华、加深。

《决胜供应链：降本增效快响应》具有三大特色。

第一个特色是选点精准、研究深入。先说选点精准。我们已经进入供应链时代，竞争已经从企业之争升级为供应链之争，从某种程度上说，供应链已经到了决定竞争胜负的时刻，这一点从近期国家层面出台的相关文件中就能感受到。所以说，《决胜供应链：降本增效快响应》的出版正逢其时。再说研究深入。本书把供应链战略分为精益供应链战略和敏捷供应链战略，进而提出：以省为主应选择精益供应链，以快为主则应选择敏捷供应链。

"只有在供应链时代才能感受到供应商在理念上与运营上的持续改进，企业客户才真正拥有了一群齐心协力的外部伙伴。""不要只采购供应商的货物与服务，还要挖掘其智慧与专业。"寥寥数语，准确地定位了客户与供应商的关系。

这本书对柔性供应链和健壮供应链的分析更是过程清晰、方法科学。

第二个特色是内容丰富、简洁实用。书中所列，既有姜老师自己的亲身经历，也有培训心得，还有对典型案例的分析。书中介绍了商务降本、流程降本、技术降本、质量提升降本、能力和资源共建降本5种降本方法，抵抗改善的12条借口，改善的10条基本精神，改善的思考方法ECRS，这些都是姜老师在工作中总结归纳出来的，非常实用。对戴尔等公司供应链的案例解析，使读者能更真切地理解供应链的特征。

第三个特色是深入浅出、易学好记。本书有许多图表、工具，这些图表和工具把复杂的问题简单化、直观化，使读者一目了然。

在本书中，姜老师兼顾了各类读者的需求——企业创始人、企业高管、供应链管理者、供应链顾问、供应链传播者或学习者。在我看来，本书的写作已经不是仅仅站在读者的角度、提高读者体验那么简单了，而是完完全全地与读者融为一体——不知姜老师是否已经意识到，其实他是在和读者一起创作，一起研讨，一起读书。

姜老师是一个做事极其认真的人，这也注定了他的忙碌。每一次培训他都充分准备，对每一家企业都精心辅导，坦诚直率，务求实效。我想这些都是本书精华的源泉。而他为求精益推掉业务、闭关创作的治学精神，尤其令人感动钦佩。

正如本书最后一章所写的，做供应链要有社会责任感，姜老师倾囊相授、不取分文之举，正是对这种责任的最好诠释。

李铁

中国石化联合会供应链工作委员会秘书长

| 推荐序二 |

    供应链的概念经历了一个从局部到全局的发展过程，以往供应链是一种企业之间的管理性行为，其含义是"生产及流通过程中，为了将产品或服务交付给最终用户，由上游与下游企业共同建立的网链状组织"，目的在于实现企业的效率和效益目标。随着产业互联网的发展，这种协同的运营模式虽然仍然强调商流、物流、信息流和资金流的融合，但是在供应链决策模式、供应链组织方式、供应链创业要素以及供应链流程管理等方面都发生了深刻的改变，而这些因素正是构建现代供应链的核心。具体讲，现代供应链的创新主要体现在产业供应链整体的智能化、生态化、服务化以及可视化几个方面。

    供应链决策智能化。供应链决策智能化是指在供应链规划和决策过程中，能够运用各类信息、大数据驱动供应链决策制定，包括从采购决策，经制造决策、运送决策，到销售决策的全过程。供应链决策智能化基于大数据与模型工具的结合，通过海量的数据分析，能够最大化地整合供应链信息和客户信息，有助于正确评估供应链运营中的成本、时间、质量、服务、碳排放和其他标准，实现物流、交易以及资金信息的最佳匹配，分析各业务环节对于资源的需求量，并结合客户的价值诉求，更加合理地安排业务活动，使企业不但能根据顾客要求进行业务创新，还能提高企业应对顾客需求变化所带来的挑战的能力。

供应链主体生态化。供应链主体生态化是从产业整体的角度来看待企业发展的问题，生态圈里除了传统意义上的上下游供应商和客户外，还包括政府机构和其他宏观管理组织、供应链的行业协会以及其他同等的供应链等，即围绕核心企业打造的平台而形成的生态圈，是一个"小世界"。平台生态圈里的各方，将建立一个良性循环机制。这种机制表现为三个维度：一是生态的稳健性（robustness），即通过各相关主体之间的协同和合作，使得合作网络能够应对环境的不确定性和任何突然变化；二是生态的生产力（productivity），即通过各主体之间的合作，充分整合各自的核心要素，随着时间不断改进生产率，传递创新，共同实现更高的效率和效益产出；三是生态利基创造力（niche creation），生态系统中的成员角色呈现出多样性的特点，并且形成了随之而来的创造力。

供应链活动服务化。供应链活动服务化是指在供应链运行中能有效地整合各种要素，使要素聚合的成本最低，价值最大。这种服务管理通过交易、物流和资金流的结合，实现有效的供应链计划（供应链运作的价值管理）、组织（供应链协同生产管理）、协调（供应链的知识管理）以及控制（供应链绩效和风险管理），通过多要素、多行为交互和集聚为企业及整个供应链带来新的机遇，有助于供应链创新。这主要表现在三个方面：一是通过供应链参与者之间的相互服务和价值互动，使得创新从单一企业推动，经上下游协同创新逐步走向生态开放式创新；二是通过金融服务供应链，以及供应链推动金融，实现资产端和资金端的创新；三是通过制造加服务实现创新，逐步从单一强调生产发展到生产与服务并驾齐驱。

供应链管理可视化。供应链管理可视化就是利用信息技术，通过采集、传递、存储、分析、处理供应链中的订单、物流以及库存等相关指标信息，按照供应链的需求，以图形化的方式展现出来，主要包括流程处理可视化、仓库可视化、物流追踪管理可视化以及应用可视化。通过将供应链上各节点进行信息连通，打破信息传输的瓶颈，使链条上各节点企业可以充分利用内外部数据，这无疑提高了供应链的可视性。而供应链的可视化进一步推动了管理的可视化。管理的可视化对于企业的运营具有以下益处：一是能及时感知真实的世界在发生什么，即企业能在第一时间获得并掌握商业的过程、发生的信息，或者可能发生的状况；二是帮助企业预先设定采取行动的时机，即在分析供应链战略目标和运营规律的前提下，设定事件规则以及例外原则；三是分析正在发生的情况，即企业有能力有效地分析所获取的信息和数据；四是确定采取的行动方案，即企业在获得商业应用型的、图示化的分析结果之后，供应链各环节的管理者根据此前确立的商业规则、例外原则等，知晓需要运用的资源、优化工具以对供应链运营进行调整，形成良好的供应链方案；五是落实行动方案，即为了实现上述调整优化目标，帮助企业确定具体采用的实现供应链资产、流程的调整与变革措施。

姜宏锋的《决胜供应链：降本增效快响应》一书正是基于这一趋势和背景，全方位地向读者介绍了产业互联网环境下供应链的管理与发展。应当讲，该书特色在于以下三点：一是理论上的前沿性，本书及时、迅速地反映了供应链管理方面的最新趋势，如本书提出的供应链发展的四个阶段，特别是基于智慧生态圈的供应链，很好地揭示了产业供应链发展的脉络和要素；二是材料组织上的新颖性，本书对供应链的介绍没有停留在一般的机制层次上，而是就不同专题深入浅出地阐述相应的理论、工具和方法，并用图表加以形象地说明；三是理论分析与案例分析的有机结合，本书对供应链的介绍并不限于理论介绍和分析,而是紧紧围绕实践,通过案例分析来展开,从而使读者加深对供应链管理的理解,正因如此,本书是探索供应链发展不可多得的好书。

宋华

中国人民大学商学院教授

前 言

这是一个市场环境多变、充满不确定性、系统复杂、信息模糊的时代,这是一个新技术、新模式、新应用层出不穷的时代,这是一个以客户需求为导向、供应链协同的时代。市场竞争的游戏规则正在被改写,竞争不再发生在一家企业与另一家企业之间,而是发生在一家企业的供应链与另一家企业的供应链之间。

环境在变,谁不改变,谁就会被市场淘汰!

在这个时代,企业要重新认识供应链管理的重要性。供应链作为企业间端到端的脉络,信息从市场来,产品到市场去,供应链脉络通畅,物流、资金流、信息流才能高效运转。在企业内部,供应链是产品设计的施工队,是营销对客户承诺的兑现保障,是快交付、高质量、低成本竞争的秘密武器;在企业外部,供应链意味着客户体验与良好的生态系统建设。优秀的企业重视供应链管理,为客户创造价值,为企业打造竞争优势,挖掘利润金矿。然而,也有相当一部分企业,由于缺乏供应链管理能力,尽管有不错的商业策划,初期靠营销打开了局面,但很快又被打回原形。与跨国公司相比，供应链管理可能是中国企业潜力最大的环节，但也是最薄弱的环节——供应链管理基础薄弱，专业管理人才缺乏。除此之外，在培训与咨询中，我还发现以下五个常见的供应链管理问题。

（1）对供应链管理概念认知混乱，认为供应链管理就是采购与供应商管理。

（2）对供应链重要性认知不足，认为销售这么难的事都做成了，交货有什么难的。

（3）缺乏供应链系统规划，经常搞运动战，今天抓降本，明天提质量，一会儿搞交付，一会儿降库存。

（4）供应链内外缺乏协同机制，企业内部各自为政，外部与供应商短期博弈。

（5）信息化滞后或投入巨大但不能发挥作用，效益远低于预期。

此外，供应链绩效存在"三高三低三多三差"的问题。三高：呆滞库存高、总成本高、应收账款高。三低：库存周转率低、利润率低、客户满意度低。三多：救火多、会议多、内耗多。三差：交付绩效差、质量一次合格率差、计划协同差。

上述症状如果存在两项以上，就说明你的企业守着金山却在讨饭吃。不补上供应链这一课，就别想获得竞争优势参与市场竞争，更别谈什么基业长青。

一年200多天的咨询与培训，我常看到企业创始人渴望而焦虑的目光，看到供应链团队加班努力却遭遇内部不协作的无助与愤怒。做职业经理人能帮助一家企业，做咨询师能帮助十家企业，做培训师能帮助一百家企业，怎么能帮助更多的优秀企业呢？

几年前读过一本书，被书中的一个问题击中：当你离开这个世界时，你会给这个世界留下什么遗产？突然之间有了这么一个决定——写书，把自己的培训与咨询经验用书做总结，作为遗产留给这个世界。在此指引下，我出版了第一本书《采购4.0：采购系统升级、降本、增效实用指南》，很多采购人因为这本书与我结缘，告诉我这本书对他们产生了多么大的帮助，我内心很受鼓舞。而《决胜供应链：降本增效快响应》是我为中国企业供应链发展与升级写的第二本书，我将这本书视为我的另一个孩子，我用心写作，将培训、咨询经验梳理总结，给自己一个礼物，给客户一个指引，给世界一份遗产，我的内心感到丰盛。

这本书的产生过程，对我来说是一种宝贵的人生经历，让我感慨人生的奇妙。

2018年3月，与几位好友在茶舍讨论学习，我将6月完成供应链书稿当作该年度最重要的目标。

2018年4月6日，我在深圳学习DISC社群班的商业教练课程，以写书作为教练话题，在教练过程中我看到了这本书对中国企业的价值，明晰了愿景，自我赋能，当天晚上就做出了成文计划，开启了写作历程。

2018年5月进入煎熬期，我每月有20多天的培训与咨询工作，要在紧张的行程中见缝插针地写作，要在60天内完成，有很大的压力，对身心都是极大的挑战。我及时调整了策略，在客户与合作机构的理解和配合下，将一些项目推后，前后在福州鼓岭闭关约2周时间，在6月1日前终于按计划完成了第一稿。

第一稿交付给出版社后，我自己反复通读，感觉不是很满意，又做了大量修改，花了一个多月修订定稿。

在这个过程中，让我感到丰盛充盈的是，身边有一群伙伴和朋友一直在支持我，鼓励我，鞭策我，"问责"我，甚至告诉我如果不按期交稿就罚款，让我有了无比的动力与莫名的压力，使我能咬牙坚持完成这本书。写书的过程，是一个联结的过程，这本书不属于我一个人，它属于下列提到名字的我的亲密伙伴、优秀的供应链管理精英。他们帮助我做分章审校，提出大量宝贵的修改建议，让我有机会亲历优秀企业的供应链变革过程，请记住他们，未来你会在供应链领域越来越多地看到他们的名字。他们是陈彦桦（审校第一章）、谷翎瑄（审校第二章）、乔坤（审校第二章）、阙隽瑜（审校第三章）、何月银（审校第四章）、吝超（审校第五章）、高上（审校第六章）、邢庆峰（审校第七章）、程显峰（审校第八章）。此外，丁岩和蔡利娜对全书进行通读并提出了宝贵建议，在此一并深深感谢，并期待有更多的联结，此中有友情、有欣赏、有价值、有使命！

在此还要感谢我的授课技巧师傅、TTT 泰斗刘子熙老师。

感谢我的供应链导师、厦门大学许志端教授。

感谢我的行动学习导师、国内行动学习刘文迪老师。

感谢我的教练郭睿、教练导师 Paul 以及玛丽莲博士。

感谢我的 4D 领导力导师查理、林教头。

感谢 DISC 社群李海峰、任博、王小芳……

感谢我的战略合作伙伴高维学堂。

感谢我的顾问客户南孚电池、五菱汽车、沪上阿姨、麻爪爪、百亚股份、中迅农科、国家电网、富海集团、厦门航空、四川航空、心连心、蓝山屯河、震坤行。

感谢优链学堂段雅娟老师、林晓玲老师。

感谢机械工业出版社给了本书最好的支持！

感谢我的姐姐姜丽敏老师，姐姐是我做人的灯塔。

最后要感谢我的太太陈静，她给予我极大的理解与支持。

还有太多我生命中的人需要感谢，却很难一一列出，于是我做了一个决定：将本书（包括再版）的全部收入，与《采购 4.0：采购系统升级、降本、增效实用指南》一样，帮大家定向捐献给残障儿童的福利事业，以此回馈我生命中的各位亲人、朋友、伙伴、学员、客户,也包括正在阅读本书的你。

本书于2019年1月第一次出版,感谢读者的厚爱以及给出的建议。结合读者的建议与后续开展的供应链咨询项目,我将新的收获和体会纳入新版中,这次是一次升级改版,让我们一起创造供应链之美,开启世界的丰盛!

你的朋友　姜宏锋

| 目 录 |

赞誉
推荐序一
推荐序二
前言

导言 / 1

第一章　共识：供应链管理 / 7

第一节　供应链管理重要性凸显 / 9
一、供应链管理时代的到来 / 9
二、供应链管理创造多赢生态系统 / 11
三、中国企业供应链管理潜力巨大 / 15

第二节　供应链管理架构 / 18
一、什么是供应链和供应链管理 / 18
二、对供应链的认识误区 / 19

　　　　三、企业供应链识别矩阵　/ 20

　　　　四、供应链管理的五项原则　/ 21

　　　　五、供应链变革五步法　/ 24

章节导图　/ 28

第二章　导航：供应链 4.0 升级路线　/ 31

第一节　供应链管理能力成熟度模型　/ 32

第二节　供应链 1.0：分段供应链　/ 35

　　　　一、供应链 1.0 典型场景　/ 35

　　　　二、供应链 1.0 概述　/ 36

　　　　三、供应链 1.0 的组织架构　/ 37

　　　　四、供应链 1.0 潜在问题　/ 38

　　　　五、供应链 1.0 解决方法　/ 39

第三节　供应链 2.0：集成供应链　/ 40

　　　　一、供应链 2.0 典型场景　/ 40

　　　　二、供应链 2.0 概述　/ 41

　　　　三、供应链 2.0 的组织架构　/ 42

　　　　四、供应链 2.0 潜在问题　/ 42

　　　　五、供应链 2.0 解决方法　/ 43

第四节　供应链 3.0：协同价值链　/ 43

　　　　一、供应链 3.0 典型场景　/ 43

　　　　二、供应链 3.0 概述　/ 44

　　　　三、供应链 3.0 的组织架构　/ 45

　　　　四、供应链 3.0 潜在问题　/ 46

　　　　五、供应链 3.0 解决方法　/ 46

第五节　供应链 4.0：智慧生态圈　/ 48

　　　　一、供应链 4.0 典型场景 /48

　　　　二、供应链 4.0 概述 /48

　　　　三、供应链 4.0 的组织再造与平台化共享 /50

　　　　四、供应链 4.0 潜在问题 /52

　　　　五、供应链 4.0 解决方法 /52

章节导图 /53

第三章　**规划：供应链战略与绩效** /57

第一节　供应链类型与企业战略匹配 /58

第二节　制定企业供应链战略 /61

　　　　一、应用 SWOT 分析法制定供应链战略 /62

　　　　二、应用平衡计分卡制定供应链战略地图 /66

第三节　供应链绩效评估 /68

　　　　一、全球视角看供应链卓越绩效评价 /68

　　　　二、企业视角看供应链卓越绩效评价 /69

　　　　三、供应链绩效考核的原则 /71

　　　　四、咨询工具：用平衡轮平衡供应链绩效 /72

章节导图 /74

第四章　**打通：供应链流程与信息化** /77

第一节　供应链流程的探索 /78

　　　　一、SCOR 模型是对供应链结构的静态描述 /78

　　　　二、溯源：供应链管理鼻祖戴尔的供应链启示 /79

　　　　三、PPG、凡客诚品和小米的对标学习之路 /81

第二节　供应链流程设计 /84

　　　　一、精益供应链流程设计 /85

二、精益供应链案例：21条改善　/ 86
　　　三、敏捷供应链流程设计　/ 89

第三节　供应链信息化建设　/ 93
　　　一、企业供应链信息化实施的步骤　/ 93
　　　二、实施供应链信息化的经验教训　/ 96

章节导图　/ 98

第五章　赋能：高绩效团队与专业能力　/ 101

第一节　赋能型供应链团队　/ 102
　　　一、供应链组织架构设计　/ 102
　　　二、团队赋能　/ 102
　　　三、团队绩效的影响因素　/ 104
　　　四、领导力决定团队的文化　/ 105

第二节　提升供应链团队成员专业能力　/ 109
　　　一、使用胜任力模型提升供应链团队成员能力　/ 110
　　　二、通过行动学习提升供应链人员能力　/ 111

第三节　R 公司的供应链组织变革　/ 114
　　　一、公司陷入内忧外患　/ 114
　　　二、供应链团队重组　/ 115
　　　三、边选边学边干，稳定局势　/ 116
　　　四、协同上下游，实现供应链变革　/ 117
　　　五、夯实团队，打硬仗　/ 118
　　　六、华山论剑：与供应链伙伴协同创新　/ 118
　　　七、团队文化建设　/ 123

章节导图　/ 126

第六章　柔性：快响应与低库存绩效改进实践　/ 129

第一节　供应链交付差与高库存并存　/ 130

第二节　供应链交付与库存同步优化　/ 134
  一、销售与供应链之间的信任、沟通、信息共享　/ 134
  二、正确的考核设计　/ 135
  三、用指标树工具对交付能力进行量化、优化　/ 136
  四、销售预测不准情况下的交付策略与库存策略　/ 139
  五、使用销售运营计划及看板　/ 141
  六、库存积压、周转不灵怎么办　/ 145

第三节　W 电子公司的交付改进实践　/ 150
  一、W 电子公司背景介绍　/ 150
  二、访谈与调研　/ 151
  三、对销售部门的研究　/ 153
  四、成立解决交付与库存的工作小组　/ 153
  五、描绘端到端的全过程流程　/ 154
  六、参观仓库　/ 154
  七、目标设定，群策群力　/ 155

章节导图　/ 157

第七章　健壮：高质量与低成本绩效改进实践　/ 161

第一节　供应链全生命周期质量与成本　/ 162
  一、供应链质量与成本的哲学关系　/ 162
  二、质量提升与降本的最佳实践：物料归一化　/ 164
  三、丰田车把手的降本提质　/ 166

第二节　供应链全链质量管理　/ 167

一、供应链质量的系统观 / 167

二、健全的供应链质量管理架构 / 168

三、供应链质量管理一切以客户为中心 / 170

四、以质量成本为衡量依据 / 173

五、供应商质量绩效改善：分批优化，扶优扶强 / 176

六、使用 8D 团队解决问题方法提升供应链质量 / 179

第三节　供应链健康降本 / 181

一、供应链成本 / 181

二、目标成本法 / 183

三、面向供应链的设计 / 184

四、供应链降本的原则 / 186

五、供应链降本的方法 / 187

六、工具：品类—供应链成本降低看板 / 189

章节导图 / 192

第八章　趋势：供应链发展展望 / 195

第一节　不变的是社会责任 / 196

一、按时付款 / 196

二、不作恶 / 197

三、倡导绿色供应链、多赢供应链 / 198

第二节　不变的是应对挑战 / 199

第三节　模式创新：供应链金融 / 202

第四节　供应链技术创新展望 / 208

章节导图 / 211

后记　供应链奋斗者一路同行 / 214
获取更多价值 / 216

| 导　言 |

内容架构

要做好供应链管理，第一步是要达成共识，要充分认识到供应链管理的价值及重要作用，解决"为什么"的问题，还要在什么是供应链管理、如何构建供应链管理系统架构上统一认知。这是第一章"共识：供应链管理"要解决的问题。

要做好供应链管理，第二步要对企业供应链现状进行诊断——企业目前在哪里（定位）、下一步要去哪里（目标）、如何规划路线（导航），从而绘制供应链发展路线图。为此，本书第二章"导航：供应链4.0升级路线"从外部供需关系及内部实施主体两个维度定义了供应链的四个阶段，以场景化的方式将供应链的发展分为四个阶段：分段供应链、集成供应链、协同价值链、智慧生态圈；提供了每个阶段的独有场景、特征与典型问题，方便企业自我定位；给出了下一个阶段要去哪里、关键任务是什么、如何升级的初步解决方案。企业可据此快速进行自我诊断，明确发展方向与工作重点，形成团队共识。

要做好供应链管理，第三步要解决靠什么去赢的问题，这就要绘制供应链发展的愿景，制定一套能够制胜的供应链战略。第三章"规划：供应链战略与绩效"讲述的就是这些内容。供应链的战略目标可以总结为多、快、好、省，但别贪心。多、快、好、省都想要，就会变成"大跃进"。多、快、好、省，最多选两项作为供应链战略目标。企业根据战略目标匹配相应的供应链战略，以省为主，应推行精益供应链战略；以快为主，应推行敏捷供应链战略。同时要对供应链绩效进行测量与改进，形成供应链战略与绩效闭环。

要做好供应链管理，第四步是打通企业流程，第四章"打通：供应链流程与信息化"讲述打通企业流程的问题。企业是什么？企业就是端到端的流程。流程的核心是端到端的全流程规划，要解决客户订单驱动下计划、交付、生产、采购、退货五个子流程如何打通的问题。IT建设实现了核心信息共享与透明，但企业供应链信息化要做系统规划，避免形成信息孤岛，同时不要有"上了信息化，就能自动把流程做好"的天真想法，在上信息化系统之前，企业一定要先梳理、优化自己的流程。

要做好供应链管理，第五步是要设计合理的组织架构，为团队赋能。第五章"赋能：高绩效团队与专业能力"讲述了如何为供应链团队赋能。在 VUCA⊖ 年代，竞争激烈，一支能打硬仗、打胜仗的供应链队伍至关重要！供应链的组织架构，从静态看并不复杂：集成型供应链管理职能包括计划与调度、采购物料、制造产品、物流管理、客户订单交付。结合组织的规模、战略与阶段目标，设计出供应链管理组织架构。组织架构的设计，要掌握两个原则：一是先有流程，再有组织架构；二是组织架构应以协同

⊖ VUCA 是四个单词的首字母，即 volatility（动荡）、uncertainty（无常）、complexity（复杂）、ambiguity（模糊）。

作为设计目标。设计好组织架构，匹配专业人员，要让团队有战斗力，还要为供应链团队赋能，实现高绩效。

要做好供应链管理，第六步是打造快响应与低库存的柔性供应链，更好地促进供应链交付与库存绩效提升。供应链对外快速反应，对内高周转、低库存，这体现了供应链的柔性。实现的关键点在于代表客户需求的销售与代表产能的供应链系统之间的密切协作。但在全球范围内，企业的销售部门与供应链管理部门像一对互相憎恶但又无法离开对方的夫妻：供应链管理部门总是在抱怨销售部门的预测从来就没准过，而销售部门则回击说供应链给客户的交期从来就没准过。如何建立供应链快速响应机制，使库存周转无积压，本书第六章"柔性：快响应与低库存绩效改进实践"回答了这个问题。

要做好供应链管理，第七步是打造健壮供应链，实现高质量与低成本绩效。很多企业的质量与成本绩效多年来一直在原地踏步，所谓的改善实际上是顾此失彼、自欺欺人地走形式。很多企业年年做的所谓的降本（cost down），就是压迫供方降价。如果供方不降价，就找更便宜的供方替换，出现一系列的质量问题后，再花大成本去做质量改善。一旦质量稳定，又好了伤疤忘了疼，再去降本。高质量、低成本的绩效关乎供应链的健壮与竞争优势，跳出形式主义乱象，进入持续改善的正循环，对企业的价值不言而喻。第七章"健壮：高质量与低成本绩效改进实践"从咨询角度告诉你，企业要做有价值的事，不要做简单但无效的事。供应链质量与成本绩效改善的关键，不在于压迫外部伙伴降价，而在于激活企业内部的研发与供应链实现跨部门协同。很多标杆企业都实现了高质量与低成本绩效的双提升。

供应链发展日新月异，不能故步自封，要拥抱变化，所以阅读本书第八章"趋势：供应链发展展望"，看看供应链发展的最新趋势有哪些吧！

目标读者

本书的目标读者定位为企业创始人、企业高管团队、供应链管理者、供应链的传播者或学习者，故不务虚、不求全、不追新、不求高大上，只求有绩效、有成果，能在企业落地。我把阅读本书的你当作这群人中的一分子。

（1）企业创始人。如果作为企业创始人的你正在为供应链的一系列问题（如交付、库存、成本、协同）而头痛，或者你要为科学规划供应链提供方向指导，让供应链成为企业的核心竞争优势，那么本书将提供适当的指导。

（2）企业高管团队，包括研发、销售或人力资源等部门的负责人。如何与供应链部门做好跨部门沟通，共同服务好客户是你们正在关心的问题。

（3）供应链管理者，包括供应链负责人与职能部门（如计划、生产、采购、物流、质量）。你可能正在为供应链的跨部门协同苦恼。

（4）供应链的传播者或学习者，包括大学老师、供应链培训师或顾问、供应链或物流专业的学生。你们可能希望系统掌握供应链管理理论框架与供应链在企业中的实践。

无论如何，当你拿起这本书时，我们就在一起了。我们都是供应链系统升级的推动者、一个伟大的供应链管理时代的见证者、一个生机勃勃的供应链多赢生态系统的建设者，世界与时代会因我们而不同。

本书特色

为了方便读者学习，我把本书的主要特色梳理如下。

（1）本书勒口配有一幅全书内容的思维导图，每章还配有该章节的思维导图，目的是帮你厘清内容逻辑，建立系统思维。

（2）全书结构以 why（为什么供应链管理重要，第一章）——what（供应链是什么，第二章）——how（如何管理供应链，第三章到五章）——use（实践案例，第六章到七章）为逻辑主线，其中第二章是对企业成熟度现状（reality）的诊断，引入了供应链4.0架构，第八章是对供应链未来（future）发展趋势的展望。

（3）在内容编排上，以贴近企业实际为原则，从企业高管团队的角度，以咨询师的专业思维对供应链进行系统规划：共识概念、升级导航、规划战略与绩效系统、打通流程与信息化、赋能团队、改进绩效、展望未来。本书没有加入有关采购的内容，是担心引发供应链管理是采购与供应商管理的误解，如果你想了解这部分内容，建议阅读《采购4.0：采购系统升级、降本、增效实用指南》。

（4）本书的创新之处，是对供应链管理五个闭环的研究与实践，包括战略与绩效形成闭环（第三章）、流程与信息化形成闭环（第四章）、团队与专业形成闭环（第五章）、交付与库存形成闭环（第六章）及质量与成本形成闭环（第七章），这些闭环是从系统角度进行思考与设计的，比如高质量其实才是低成本；要想快交付，库存反而要低。这种闭环思维，可以避免对绩效指标顾此失彼，可以让各部门形成合力，这是跨部门合作的基础，有点像中医中的阴阳调和。

01 第一章

共识

供应链管理

供应链管理之所以越来越重要，是因为世界经济环境呈现出VUCA的特征，企业以往的运营模式越来越不适应市场的变化，多种问题爆发：库存越来越高，交付却越来越差；成本没有竞争优势，质量问题频发；企业内救火不断，会议、指责、扯皮越来越多，客户的满意度与利润率却越来越低。老板累，团队累，客户却不满意，供应商伙伴也不满意。

未来的竞争，不是一家企业与另一家企业之间的竞争，而是一条供应链与另一条供应链之间的竞争。

不建立一条以客户为导向的、富有竞争力的协同供应链，你的企业只能是守着金山要饭吃；没有供应链管理能力保驾护航，你的企业就别想参与市场竞争，更别谈什么基业长青。企业在构建供应链管理能力前，必须先正确认识供应链及供应链管理。供应链管理不是采购与供应商管理，企业越来越重视采购与供应商管理，是因为它是供应链管理的上游，是供应链协同的瓶颈。供应链管理是以客户为导向的端到端全流程，需要系统规划，而不是搞运动战：一会儿降本，一会儿抓质量，顾此失彼穷折腾。本章会告诉你，供应链做不好，人人都是受害者；同时，人人都是作恶者。协同很重要，共识是基础。从今天开始，重视供应链，补上这一课！

本章将帮助管理团队达成以下共识：认识到供应链管理为什么越来越重要，理解供应链及供应链管理协同的本质，掌握供应链管理的五项原则、企业推行供应链管理变革的五步法。

———

第一节　供应链管理重要性凸显

在当前复杂多变、竞争激烈的全球经济形势下，以客户需求为导向的供应链管理，作为一种系统思维与管理理念，可以为国家产业升级、客户价值创造、企业利润提升及合作伙伴协同发展形成一个多赢的、可持续的生态系统。因此，企业的供应链管理能力显得尤为重要。

一、供应链管理时代的到来

沿着供需关系变化这一主线，可以将中国企业的发展分为三个阶段。

第一阶段是供应产能不足、市场需求旺盛、生产为王的年代。20世纪70年代末，中国从计划经济转向市场经济，在相当长的一段时间，我们面临的形势是：物资匮乏，供应端产能不足，市场端需求增长快速，出现供不应求的情况。此时工厂相对市场有较大话语权，外部经销商求着工厂供货，不挑产品，提前打款，排队拿货。库存不是问题，有库存代表着有实力。很多企业实行以产定销的调度模式，企业管理的核心目标就是扩大产能，为刺激员工的生产积极性，往往推行计件工资制。采购、仓库这些部门都是生产的下级科室，为生产服务，连当时女孩子嫁人首选的都是国企工人，这从侧面反映了当时生产在企业中的重要地位。这一时期企业高速增长，增值环节主要体现在制造环节。

第二阶段是供应端产能过剩、渠道为王的年代。随着越来越多的新工厂投产运营，工厂的产出效率也随着管理水平的提高而大幅提升，很多行业出现产能过剩、竞争加剧的态势。制造商的话语权减弱，取而代之的是渠道商强势崛起。典型代表是家电业渠道巨头国美、苏宁在全国展开了开店竞赛，零售业渠道巨头沃尔玛、家乐福、大润发在全国攻城略地，建材业巨头百安居、红星美凯龙四面出击……渠道商在抢夺到了话语权后,开始给上游制造商制定游戏规则,制造商的竞争白热化,而制造商的利润"薄得像刀刃一样"(海尔张瑞敏语)。为了消化企业的产能,在企业里,销售成为老总的新宠儿,所有部门都围着销售转成为常态,有的企业甚至喊出"一切围绕销售(市场)"的口号。如果有人能给企业带来业务,提成甚至比工厂的利润还高,这一时期企业增长放缓,增值环节由制造环节转向销售渠道环节。

第三阶段是互联网+VUCA时代,是供应链为王的年代。

随着全球化与信息技术的进步,互联网平台打破了供需之间的隔阂,用效率对传统的渠道商进行了一次革命。企业经营管理面临着巨大的挑战(当然也有企业把它当作机遇):客户需求多变,销售预测越来越不准,在企业内部反映出来的就是计划性差、交付周期长、生产柔性差、客户满意度低、应收账款多等一系列问题。

同时,产业链供需双向不稳定,存量内卷直接导致供需双变,需求开始下降,供应端不断遇到挑战:疫情、战争、经济制裁、重大节日、大型会议及活动、政策(如限电)、自然灾害(地震、火山、雨雪、台风),等等。这些都是灰犀牛事件,黑天鹅是小概率事件,灰犀牛是大概率事件,必须做预案,不能等到问题发生才行动。灰犀牛大概率事件是供应链风险管理的问题,在问题发生前就要考虑到,所以对于企业而言,加固自身的供应链,提前做好预案是必须要做的事情。

靠天吃饭、靠人脉与资源吃饭的年代已成为过去时,比拼企业管理能力的年代到来。随着专业化分工的实现,企业只能聚焦在自己的核心能力上,对于非核心的部分选择与外部合作,这时上下游整个供应链的协同就成了企业最大的问题。如何打通企业与企业之间的信息流、物流、资金流,满足客户快速变化的需求,是每个供应链管理者天天都应该思考的问题。市场的竞争,已不是一家企业与另一家企业之间的单打独斗,而是一条供应链与另一条供应链之间的竞争。竞争的结果是企业开始出现两极分化，好的企业以指数形式爆炸式增长，没有竞争优势的企业或搭错供应链的企业则面临生死危机，企业的增值环节由销售渠道转向供应链端到端的整个系统。

二、供应链管理创造多赢生态系统

供应链之所以越来越重要，是因为供应链管理的系统思维与创新应用，使国家赢、客户赢、企业赢、合作伙伴赢的多方共赢成为可能，如图1-1所示。

图1-1 供应链管理创造多方共赢

（一）国家赢：供应链创造全球产业链竞争优势

随着全球化的发展，各个国家都在布局本国产业链，试图通过抢夺全球产业链分工中的有利位置，控制核心价值环节，从而实现国家的竞争优势。个别国家甚至利用产业链优势挑起贸易摩擦，或进攻或防御，为国家资源、能源、安全深挖护城河。最典型的例子是美国，2018年4月，美国商务部发布对中兴通讯的违规制裁。美国政府的操作一方面斩断了中兴通讯国际业务需求来源，另一方面切断了中兴通讯核心零部件芯片的供应源，双管齐下，快、狠、准。中兴通讯的"断链"让国人突然意识到了供应链的重要性，并开始审视我们在全球产业链分工中的地位与竞争力。全球化专业分工的结果是所有的企业都高度依赖外部供应伙伴，但如果核心技术不掌握在自己手中，在国与国的竞争中就会受制于人。产业链中的核心产品与技术高地，已成为国与国之间话语权的关键。

中国政府审时度势，把供应链管理上升到国家竞争优势战略的高度。国务院办公厅2017年10月13日发布的《国务院办公厅关于积极推进供应链创新与应用的指导意见》(国办发〔2017〕84号)(以下简称《意见》),被称为中国供应链管理发展的政策东风。《意见》指出:"推进供应链全球布局,加强与伙伴国家和地区之间的合作共赢,有利于我国企业更深更广融入全球供给体系,推进'一带一路'建设落地,打造全球利益共同体和命运共同体。建立基于供应链的全球贸易新规则,有利于提高我国在全球经济治理中的话语权,保障我国资源能源安全和产业安全。"

(二)客户赢:便利和全新的体验

优秀企业通过供应链管理,持续改进,给普通消费者及企业客户带来便利的价值与全新的客户体验。彼得·德鲁克曾经说过,企业存在的价值,就是创造顾客。企业在创造顾客和服务顾客的过程中,除了为顾客提供产品本身的功能外,还应关注顾客在交期、质量、成本、服务方面的价值诉求与体验,这些都来自企业的供应链系统。供应链竞争的结果在于,让普通消费者也能够享受上帝般的感觉,使消费者成为供应链的最终判定者。交付及时、质量满意、更好的性价比、更贴心的服务,供应链管理为普通消费者提供了省事、省钱、省心的更多的选择。

企业客户在供应链时代才能感受到供应商基于竞争压力引发的持续改进:努力提高交付可靠性、缩短交付时间、提升产品质量、降低成本、升级服务系统。只有在供应链时代,企业才能真正拥有一群齐心协力的外部伙伴,才能通过合作伙伴的能力互补与资源共享,减少固定资产投资,实现轻资产运营,只做自己最核心的部分,将其他的部分外包以获得及时的支持。通过整合资源而非重新建设,企业能以最快的速度建立供应链系统,获得商业成功。

(三)企业赢:提升市场占有率与企业利润

企业经营有一个面向客户的价值链铁三角,如图1-2所示。

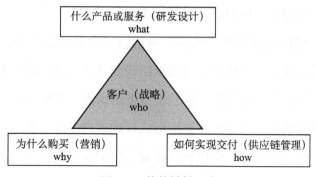

图 1-2　价值链铁三角

价值链铁三角以客户为中心，要解决为谁服务的问题，这是企业的战略职能；围绕客户，解决提供什么样的产品或服务的问题，这是企业的研发设计职能；围绕客户，解决客户为什么购买的问题，这涉及对客户的承诺，是企业营销职能；围绕客户，解决如何整合内外部资源交付订单，并让客户满意、企业盈利的问题，这是企业的供应链管理职能。

这三大职能彼此关联，衔接好能为企业源源不断创造价值，反之，任何一环有问题都会给企业带来损失！

在整个衔接的过程中，研发的问题和销售的问题最后都会在供应链环节大爆发，例如，如果研发的产品先天有问题，依然开始生产、销售，一卖出就会有大规模的产品召回，就会造成大量库存积压，引发供应链问题。

销售对客户需求把握不准，开始时要货急，等到原材料采买到位后，客户又不要了，也会造成大量的库存，这个时候又需要供应链来化解。还有 SKU（库存量单位）的管理，越是生意不好，SKU 越多，就越会产生一堆图纸、一堆模具，结果还是卖不出去，最后造成大量库存。这些问题都会在供应链端爆发，但并不是供应链本身的问题。

在我们给企业做咨询顾问的时候，经常会遇到类似的不是供应链的供应链问题。例如，在一些企业推动应收账款管理，应收账款是销售要管的，由于销售不管理，直接导致采购无法对供应商付款，为了解决供应商准时付款问题，就需要使销售和财务联动起来。

在企业内部作为端到端的脉络，供应链是产品研发设计的施工队，把市场上客户的建议与供应商的能力提供给研发设计人员。供应链是营销对客户承诺的兑现人，供应链是客户体验最重要的来源，是快交付、高质量、低成本竞争的秘密武器，好的供应链能形成好的客户口碑。供应链的交付全过程就是营销。在企业外部，供应链意味着良好的客户体验与生态系统。供应链的竞争优势最不易复制与模仿，通过供应链设计，创造有别于竞争对手的优势，用更好的方式满足客户的需求，可以大幅提升企业的市场占有率。

供应链管理还是提升企业利润的可行路径。材料资源、人力资源和供应链管理是企业三大利润源泉，供应链管理被誉为企业"第三利润源"。供应链管理强调整合资源，一方面，企业专心做自己最擅长、最核心的环节，将其他环节外包给更专业的供应商，从而实现轻资产运营，显著减少资产投入，加快资金周转，缩短产品上市时间，从而获得更好的资产回报；另一方面，供应链可以实现上下游全过程高效协同，减少浪费，提升效率，使公司利润快速提升。值得说明的是，供应链上的降本增效是超越了企业围墙限制的，因此企业得以从端到端的全流程视角，审视整个供应链系统上的降本空间。供应链降本增效绝对不是简单地压迫供应商降价，供应链上的商务合作、流程优化、技术改进、管理提升、资源共建、能力共享都大有可为，供应链是一个巨大的待挖掘的金矿。

（四）合作伙伴赢：供应伙伴协同发展

在供应链链条上，一荣俱荣，一损俱损。一家供应商选择了哪个客户，也就选择了在哪条供应链上发展。客户的发展影响着供方的发展。客户处在高速发展期，供方业务也跟着扩大；客户处在衰退期，供方也很难有作为。客户的命运，又取决于所选择的供应商的能力与配合度，供方与客户之间的关系，像船长与船员，命运相连，互相成就。

供应链管理强调协同，而协同的关系是能力互补与双赢关系。供应链的链主有义务建设供应链生态系统，持续提升供应伙伴的能力。越来越多的企业，开始推行对供应商的辅导活动，提升供应商伙伴的能力。在客户的推动与督促下，供应商不断规范管理，改进绩效，使质量、交期与成本等指标不断优化，有的供应商甚至把客户的做法延伸到自己的供应商。有一个趋势，核心企业不仅自己开展社会责任活动，还把社会责任推向整个供应链，要求供应链成员企业在绿色、安全、卫生、环保、员工保护等方面不断投入，规范管理，持续改进。借助客户的帮助与资源，供应商能够不断成长，与客户协同发展。

企业的决策，要尽可能考虑国家赢、客户赢、企业赢、合作伙伴赢四个维度，这样的决策才是平衡的、有意义的、多赢的且可持续的。我用这四个指标衡量我写这本书的决策，发现都符合，写起来也就充满了使命感，视角也更广阔。

三、中国企业供应链管理潜力巨大

与世界级优秀企业相比，供应链管理可能是中国企业最具潜力的环节，但同时也是最薄弱的环节，由于缺乏有效的供应链协同，一方面客户的订单无法完美交付，另一方面企业内部存在巨大的内耗：各职能部门衔接不畅，缺乏有效的沟通机制；会议多但不解决问题，争吵多但更多是情绪宣泄；团队士气低落，每个人都很累却没有绩效；库存越来越高，交付却越来越差；成本没有竞争优势，质量问题频发；拖欠供应商货款……

当年，我在国内一家知名咨询公司做合伙人，亲身经历了北京的一家高科技企业，由于缺乏供应链有效协同，一群优秀的人才把技术在业界领先的企业带入绝境，无人受益。

这家企业技术能力水平排在国内前两名，创始人是海归博士，在国外拿到风投后，回国组建了明星高管团队。这家企业要做一个供应链优化的咨询项目，于是我们安排了一次前期高层集中访谈，除董事长外，公司总监以上的高管都在会议室就座，那次访谈气氛之紧张火热，让我终生难忘。随着访谈的深入，高管从开始的克制到情绪激动，最后拍桌子对骂，甚至有两位高管当场发生冲突，动手打架。

让我还原一下当时的场景，因为希望快速发现问题，我们有意问了一些激化矛盾的问题（该方式有一定风险，请谨慎使用）。以下的场景描写中，咨询师指我和顾问。

访谈从销售负责人开始，因为销售最接近客户。

咨询师：请问销售负责人，你认为公司供应链存在的最大问题是什么？

销售负责人：公司产品技术还行，很多客户下订单时会打20%～30%的预付款。但是现在交不出货，有的订单已经延迟六个多月了，有的客户已经提索赔要求了。

咨询师：你觉得无法按时交付的主要原因是什么？

销售负责人：我觉得原因有两个，一是研发没有及时把产品研发出来，二是生产部门没有及时把产品生产出来。

咨询师：请问研发负责人，你认可销售负责人的说法吗？

研发负责人：姜老师，你别听销售胡说八道，我们公司销售总这样，我们研发出来的产品他们不卖，天天追着我们刚立项的产品，搞得每个项目研发周期都很紧张，但产品一研发出来销售又不卖了。

咨询师：销售负责人，你认同研发负责人的说法吗？

销售负责人：嗯，20%是研发的问题，80%的问题出在生产，生产没有及时把订单生产出来。

咨询师：请问生产负责人，你为什么没有及时把订单生产出来？

生产负责人：老师，您不太了解我们的生产方式，由于换线时间很长，为了控制生产成本，我们合并订单批量生产。等一下带您到仓库去看一下，现在仓库里堆满了成品，但是我们销售不卖。

咨询师：客户下了订金的订单为什么不优先生产？

生产负责人：那部分订单没生产是因为缺料，采购没把物料买回来。

采购负责人：我们早就买回来了，被生产部给挪用生产其他产品了。

咨询师：采购负责人，那可否再买一批物料回来，把客户下订金的订单优先生产出来？

采购负责人：老师，我们也想买，但我们拖欠供应商货款五六个月了，供应商说不把之前的货款结清，不给发货。

咨询师：那就赶紧结清呀。

采购负责人：您问财务负责人呀，我们一直催财务付款，他们一直拖着不付。

财务负责人：我要是有钱，我能不付吗？我没钱呀。

咨询师：为什么没钱？

财务负责人：你问销售啊，销售一直没把订单尾款收回来，我也没办法给供应商付啊。

访谈到这里，你会惊奇地发现，这家公司各部门刚好形成了一个抱怨链的闭环。销售怨研发，研发怨生产，生产怨采购，采购怨财务，财务怨销售。这种闭环下，人人都在抱怨遇到了"猪队友"，但问题是"猪队友"也是这么想的。

随着争吵，会议室场面失控，我问了一句，你们董事长呢？得到的回答是："董事长出国融资去了，因为之前融来的钱已经花光了。"其实这家企业真正的问题不在资金上，真正的问题在于研发、销售与供应链之间的不协同。因为不协同，董事长融来再多的钱也会被消耗掉，因为不协同，再好的技术优势都会成为空中楼阁。

这家企业有你们公司的影子吗？如果有，那就真的要好好学习供应链管理，市场如战场，真刀真枪拼的就是供应链，你的企业做好准备了吗？

第二节 供应链管理架构

要使供应链高效协同，团队共识是基础。团队首先要认识到，供应链与供应链管理是不同的。所有的企业都有供应链，但不是所有的企业都有供应链管理。两者的区别简单地说就是，供应链是一种物理存在，供应链管理是一种管理理念与管理哲学。

一、什么是供应链和供应链管理

供应链是一种物理结构，一家企业总会有自己的供应链，也总在别人的供应链之中。供应链的书面定义是：生产及流通过程中，围绕核心企业，将所涉及的原材料供应商、制造商、分销商、零售商直到最终用户各成员通过上游和下游成员连接而形成的网链结构。把结构图形化，就是图1-3所示的这张图。

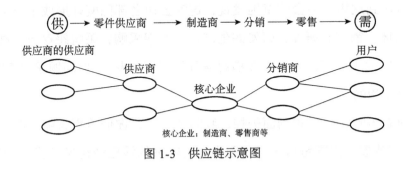

图1-3 供应链示意图

什么是供应链管理？学术界与企业界一直是有争议的，因位置不同、视角不同，对供应链管理的理解也不同，如盲人摸象，各自解读。国务院办公厅于2017年10月13日发布了《国务院办公厅关于积极推进供应链创新与应用的指导意见》（国办发〔2017〕84号），文件中对供应链管理下了一个较为完整的定义："以客户需求为导向，以提高质量和效率为目标，以整合资源为手段，实现产品设计、采购、生产、销售、服务等全过程高效协同的组织形态。"

这个定义中"以客户需求为导向""以整合资源为手段""全过程高效协同"几个关键词，精练地说明了供应链管理是超越了企业边界，以系统视角看待满足客户需求的端到端的全过程。供应链管理不仅肩负着满足客户需求的使命，还要求供应链伙伴间业务流程相互集成，发展战略合作关系，使物流、信息流、资金流高效协同。供应链管理的本质，是一种面向外部的、竞争优势导向的系统管理理念与管理哲学。

一个网上改编的企业总经理面试供应链总监的段子，生动诠释了什么是外部导向和竞争优势导向。

总经理：如果我们的企业是一个院子，我把院子交给你管理，这时猪因饲料不好暴跳如雷，狗因为看门太累半夜睡觉，驴因磨坊环境太脏无精打采，你怎么办？

供应链总监：我要给猪换饲料，合理安排狗的工作量，改善驴的磨坊环境，安抚它们，稳其心。

总经理：若是如此，我院危也。你应该告诉它们狼要来了，让猪、狗、驴面向外在危机，停止抱怨与内耗，聚焦发展。

二、对供应链的认识误区

企业对供应链有两大认识误区，这两个认识误区使供应链的价值被严重制约。

第一个认识误区是：供应链就是管供应商，是采购的事。之所以产生这个误解，是因为"供应链"一词是从英文"supply chain"直译而来的，里面有"供应"二字，很多人望文生义，想当然认为供应链管的是供应。

其实，供应链最精准的翻译应是供需链或价值链，它是为满足客户需求而存在的端到端的全过程，是供应物流、生产物流、销售物流三者的系统协同。只是因为采购离客户最远，反应最慢，且采购成本占比高，供应商的问题又是经常困扰供应链的问题，才使得一谈到供应链首先想到的就是采购。其实，采购部门并不是供应链管理的主导部门，恰恰相反，采购部门是最容易拖供应链后腿的部门，是需要最先做管理提升甚至变革的部门。

第二个认识误区是：一家企业是一条供应链，用一套策略就行了。一家企业客户群体不同，销售渠道不同，产品类型不同，就会有不同的供应链。如果用一套流程与策略管理不同的供应链，就会有不适用情形发生，内外部客户满意度就会降低。比如，有的企业有批量物料与研发物料需求，这两类物料需求是有差异的：对于研发物料而言，物料成本较低，交期较短，如果你用批量物料的管控方式管理，走招标采购流程，就会影响研发进度，所以研发物料最理想的状态是高效供应、简化流程，但采购要提前进入研发过程，以避免后续供应商选择受限，被人为指定。再比如，有些企业既有电商销售渠道，又有线下销售渠道，那么这家企业至少有两条供应链，线下渠道客户需求相对平稳好预测，而电商供应链与线下供应链特点有显著差异，电商销售渠道需求很难被把握，活动效果很难被预测，往往做一次活动，要么缺货，要么库存积压，有些企业干脆把电商部门独立出来，以适应电商类供应链的特点。

三、企业供应链识别矩阵

如何识别企业有几条供应链？供应链识别矩阵可能会有所帮助（见表1-1）。针对每个产品系列，分析其客户画像、客户诉求、销售渠道、生产方式、生产资源、对供应商的要求、供应商匹配，我们就可以清晰识别企业有几条供应链。

表 1-1　供应链识别矩阵

产品系列	供应链结构										供应商匹配
	客户画像	客户诉求	销售渠道			生产方式			生产资源		对供应商的要求
			电商	经销商	直销	按库存生产	按订单生产	设计+生产	自己工厂	代工	
产品1											
产品2											
产品3											

不同的产品系列、不同的客户定位与需求、不同的销售渠道、不同的生产方式，匹配不同属性的供应商，就组合出了不同的供应链。举个例子，一家汽车制造企业，可能既生产面向高端客户的豪华车，也生产面向低端客户的经济车，这家企业实际上有两条不同的供应链，豪华车系供应链要高质量，对供应商的要求是质量导向而非成本导向；经济车系供应链则要求低成本，在供应商端要匹配有成本优势的供应商。这两条供应链销售的模式、交付的体验设计、生产的要求、供应商准入的标准实际上都有差异，如果把两条供应链混同，就会失去管理的有效性。从更长远看，为了使供应链变得更加简单，企业要么聚焦同一类客户（这方面的典范是苹果公司），要么拆分成不同的公司（如丰田拆分出一家面向高端客户的雷克萨斯汽车品牌，独立运营）。

四、供应链管理的五项原则

面向外部，就找到了供应链上下游与企业内部的协同点。为达成共识，企业形成书面的供应链管理原则是非常必要的。管理原则可以帮助团队凝心聚力，减少争议。结合企业供应链咨询实践，我提炼出了供应链管理的五项原则：客户中心（customer center）、系统思维（system thinking）、突破瓶颈（breakthrough bottleneck）、价值适配（value positioning）、协同发展

（cooperation & development），如图 1-4 所示。当然，你也可以发展出你的企业供应链管理原则。

图 1-4　供应链管理五项原则

原则一：客户中心。供应链竞争的过程本质上是争夺客户的过程，客户是整个链条的中心，也是供应链绩效真正的评价者，供应链好不好，客户说了算。从这个意义上说，供应链管理者除了低头拉车，还要学会抬头看路，至少要拿出 20% 的时间与资源，主动与客户沟通，不断改善自己的供应链，使之与客户的供应链匹配。供应链负责人每年至少要拜访一次客户，以客户的满意度与期望为标准，改进自己的供应链绩效。

原则二：系统思维。供应链是端到端的系统，是通过有效整合外部供应商资源与企业内部资源，最后将产品交付给客户的全过程。供应链的管理对象从工厂内部的各部门拓展到围墙外的企业群，每个环节都做好了，并不代表着系统的产出一定好，整个链条必须互相支持和配合。供应链是一个系统，供应链管理就应有系统思维。供应链管理者每年至少要沿着供应链完整地走一遍。

原则三：突破瓶颈。供应链系统有瓶颈，打破系统约束是关键。任何系统至少存在着一个约束，否则它就可能有无限的产出。因此要提高一个系统的产出，必须要打破系统的约束。目标决定系统范围，瓶颈决定系统产出。可以把供应链系统想象成由一连串的环所构成，环环相扣，系统的强度取决于最弱的一环，而不是最强的一环。要用望远镜纵观全局，找出系统的瓶颈，聚焦改善。

原则四：价值适配。供应链存在的目的是为客户创造价值。供应链创造价值的过程可以分为四部分：创造价值、挖掘价值、保障价值、传递价值。在制造型企业，研发环节、生产环节是创造价值的过程；采购环节属于外部资源的发现与整合，是挖掘价值的过程；质量管理部门和工程技术部门保证价值的实现，是保障价值的过程；计划、物流环节是传递价值的过程。企业要明确自己在产业链中的价值定位，有的企业以创造价值为核心，典型的日本企业和德国企业，崇尚工匠精神，其价值在于产品的创新与质量；有的企业以传递价值为核心，比如电商公司、平台型公司、销售公司、物流公司或供应链服务公司，其价值在于提高效率；有的企业以挖掘价值为核心，比如买手型公司。所有企业及企业内的部门都在寻找自己的价值定位，如果一个企业或部门找不到自己对客户的价值贡献点，这个企业或部门也就没有存在的必要了。

从价值的维度，供应链管理是一系列合作企业的价值组合管理，供应链战争中要求同一供应链条上各企业进行良好的团队协作，链条需要的肯定不是一群乌合之众，而是每个成员都为供应链贡献自己的独特价值：要么用高质量吸引客户，要么用低成本带来竞争优势。如果一个成员只靠与链主的关系保持地位，并没有带来质量、成本、效率方面的价值，对于供应链上的其他伙伴来讲，这个成员就是吸血鬼，应被列入优化名单。当然，对供应链伙伴价值的取舍，要与客户定位匹配。比如，奔驰选供应商，坚持质量导向，因为奔驰的客户选奔驰考虑的是质量；奇瑞选供应商往往走低成本路线，因为奇瑞的客户选择奇瑞主要考虑的是性价比。供应链管理应考虑服务的客户群体，选择价值匹配的供应商，企业应每年审视一次供应队伍。

原则五：协同发展。 在 VUCA 年代，链条上的伙伴精诚团结、高效协同才能获得优势。当面对客户多变的需求时，如果供应链伙伴之间还在短期博弈，无法满足客户的需求，也就无法有效应对市场的竞争。唯有供应链上下游企业建立伙伴关系，形成合力，贡献自己的独特价值，整个供应链才有竞争优势，才能实现多赢。有一些台企愿意把供应商称为协力厂，即把供应商不仅当作简单的买卖交易对象，还将其当作齐心协力的协作伙伴，关系上共赢，运作上高效协同，能力上持续提升。

企业对自己的最低要求应是：每年与客户、供应商做一次关系共建，举办卓有成效的供应商会议。

五、供应链变革五步法

有了供应链管理的五项指导原则，如何稳步推进供应链管理变革呢？我根据自己在企业供应链咨询中的经验与教训，总结了供应链变革五步法，这五步法可以帮助包括董事长在内的管理层建立对供应链系统的认知，并达成共识，找出供应链变革的关键，从而凝心聚力，推动变革，产生绩效。这五步分别是：一条主线判趋势，两点抓住大发展，三角作战赢客户，四项指标巧平衡，五大职能做管理。

（一）一条主线判趋势

做好供应链，要先预判行业大趋势。如何预判？简单来说看行业供需关系这一主线。当行业需求旺盛、供应不足、整个行业处于风口时，这时水涨船高，企业也会处于上升通道，做规划时可以适当超前。而当行业产能过剩，需求增长停滞、库存高时，企业往往做得艰难还不赚钱，这时企业要考虑升级或转型。这是基于供需关系的变化趋势做的综合研判。

企业内部的不同产品系列也可以按供需关系预判。一些品类需求旺盛，做年度规划时可以适度提高产能，做好供应资源的提前建设，适当多备些库存，因为都会被消耗掉，而有一些产品需求萎缩，这时不仅要控制库存，信息也要在供应链伙伴之间及时充分地共享。

（二）两点抓住大发展

供应链管理最大的问题是来自企业内部的不协同，与企业内部相比，外部供应商反而更容易协调。就像划龙舟比赛一样，每个龙舟都配有一个鼓手，通过鼓手的节奏控制团队节奏，实现整体协同，企业也必须为各个职能部门找到协同点，形成合力。这一点在供应链管理中至关重要。那么如何找到协同点呢？可以问管理团队两个有力的问题，引导企业找到协同点和瓶颈点。

第一个问题：如果要使收入翻一倍，我们需要围绕供应链哪个环节做出改进？ 是供应商、生产线、经销商，还是最终客户？这个问题每家企业的答案都不同，有的是具有垄断性质的供应商资源，有的是企业技术革新，有的是自身产能，有的是政府给发的牌照，有的是客户。一旦确定，这个环节就是企业各职能划龙舟要服从的鼓手。

第二个问题：如果要使收入翻一倍，供应链哪个环节会拉我们的后腿？ 这个问题引导我们找到影响系统发展的瓶颈点。当思考这个问题时，我们就要想，要实现收入再翻一倍的目标，我们会栽在哪个环节上。找到制约环节，就可以聚焦该环节进行能力建设。

通过这两个问题，我们可以找到协同点与瓶颈点，抓好这两点，企业就可以实现大发展。

（三）三角作战赢客户

企业直面市场竞争，可以比喻成陆海空协同作战。企业里的研发是空军，设计出爆品，就可以从空中立体打击，典型企业是苹果公司，卓越的研发能力是其成功的核心；营销是海军，通过准确的市场定位与营销手段，快速引爆客户，典型企业是小米公司；供应链系统是地面部队，对外确保客户能体验到优异的质量、快速的交付、超值的性价比，对内要控制总成本与库存水平，持续改善，典型企业是丰田。企业研发、营销与供应链，构成三角作战部队，发展优势，使自己更成功；弥补短处，规避失败。企业应从赢得客户的高度审视研发、营销与供应链三者之间的协同。通常，质量与成本问题，症结在于研发与供应链的协同；交付与库存问题，症结在于营销与供应链的协同。

（四）四项指标巧平衡

如何对供应链绩效进行设计与评价，是很多企业面临的一个难题。供应链绩效指标非常繁杂，很容易陷入只见树木、不见森林的局部思维。大道至简，以客户视角和供应链系统思维来规划供应链绩效指标，就是让客户满意的同时保证企业利润。如果把这两项再分解：要实现客户满意，就要做到质量好、交付快；要实现利润高，就要做到成本低、库存低（见图 1-5）。

图 1-5 供应链绩效指标分解

这就产生了供应链绩效上的两对矛盾：一对矛盾是质量与成本不平衡，一对矛盾是交付与库存不平衡。从供应链的系统思维来看，质量与成本、交付与库存其实是一致的，并不冲突。

高质量才是低成本。因为成本中包含质量成本。比如，有些供方质量不好但价格可能很低，这时企业可能会面临鉴定成本增加、返工返修、停线、客户索赔的损失，造成成本大幅上升，最后，采用价格最低的供方反而让企业付出的总成本更高。与质量高的供方合作，可以实施免检、减少返工返修、减少客户索赔，总成本反而更低。所以对供应链而言，第一次把事情做对总成本最低，高质量才是低成本。

低库存才能快交付。企业资源有限，高库存并不意味着快交付，反而容易导致低齐套，造成该来的不来，不该来的来一堆。用俄罗斯方块游戏解释这个原理最简单：库存越低，齐套越容易，交付越快；库存越高，齐套越难，现金枯竭，死得越快。所以可以看到很多企业库存很高，交付反而很差，而快时尚的 ZARA 以及丰田汽车，强调低库存甚至零库存，交付绩效反而遥遥领先于竞争对手。

（五）五大职能做管理

做好供应链管理，应抓住供应链管理的五大职能——战略、流程、组织架构、人员、信息技术。这五大职能之间的关系如图 1-6 所示。

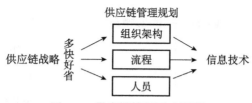

图 1-6　供应链管理五大职能

供应链战略设计好之后，我们才能根据供应链战略设计相应的流程、组织架构，匹配相应专业人员，最后用信息技术将它固化。战略的核心是如何赢得共识，流程的核心是科学规划，组织架构的核心是促协同，人员的核心是赋能与专业，信息技术的核心是信息共享与透明。

章节导图

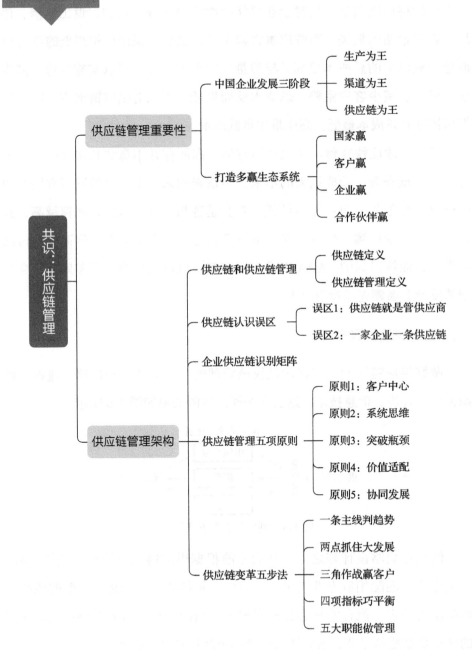

学以致用

【学】
请用自己的语言描述本章的要点：

【思】
描述自己企业的相关经验与本章的启发：

【用】
我准备如何应用？我希望看到的成果是什么？

会遇到哪些障碍？

解决障碍有哪些方法、措施、资源？

我的行动计划：

第二章 导航 供应链4.0升级路线

企业的供应链系统升级，目的在于解决企业内部价值链协作系统与外部需求环境相适应的问题。随着环境的多变、竞争的加剧，越来越多的企业认识到供应链管理的重要性。但当下企业的供应链管理成熟度如何、供应链管理水平处于哪个阶段、下一阶段要去哪里以及要做哪些关键变革，很多企业并不清楚。为了解决这些问题，本章从外部供需关系及内部实施主体两个维度，将企业供应链管理成熟度分为四个层级，简称供应链4.0；以场景化的方式介绍供应链4.0各阶段的特点与关键任务；以导航方式确定供应链所处阶段（定位），下一阶段要去哪里（目标），规划路径（导航）；从整体上规划企业供应链的长期发展路径。本章重点阐述以下内容：供应链4.0理论体系，即供应链1.0分段供应链、供应链2.0集成供应链、供应链3.0协同价值链、供应链4.0智慧生态圈。

第一节　供应链管理能力成熟度模型

供应链管理的难点在于供应链系统庞大且复杂,涉及多个企业和部门。各企业各部门对供应链的认知因角度不同、立场不同、考核指标不同,极易出现盲人摸象、各自表述的情况。认知不同,管理团队在行为上就会出现偏差,无法形成合力,造成企业资源的浪费与机遇的错失。建立一套供应链管理成熟度模型,简单而有效地评估本企业供应链管理水平,确定供应链发展的科学路线,就显得很重要。

建立供应链管理成熟度模型,要问以下关键问题:企业供应链管理升级或变革的目的究竟是什么?供应链即供需链,企业供应链管理建设实际是为了解决内部协作系统与外部多变环境相适应的问题。其中,外部环境是企业供应链升级的主要动因,内部的供应链系统要高效协同来适应外部供需环境。所以,从外部供需环境及内部协同主体两个维度研究供应链系统升级具有一定的科学性。一个行业外部供需关系的发展需经历四个阶段:供不应求、供需平衡、供过于求和 VUCA 年代。与这四种供需关系相匹配,形成了供应链的四个阶段,即分段供应链、集成供应链、协同价值链和智慧生态圈。

(1)当一个行业刚形成时,供应不足,需求旺盛,此时整个行业处于风口,企业呈现高速增长的态势,"猪都能飞起"说的就是这种情形,因为企业生产什么客户都能接受。这时企业没有库存问题,以扩大产能为主,企业内部各部门实行专业化分工、分段式管理,这样极易形成"铁路警察,各管一段"的情况。各个部门过分追求专业化,捍卫本部门的 KPI 与职权,缺乏大局观、系统观。初期表现为部门墙、跨部门沟通障碍,进一步演化就成了山头主义或官僚主义,企业内部往往通过会议讨论与高层裁决的方式才能实现协作,以满足客户需求。这是供应链 1.0 阶段——分段供应链。

（2）随着竞争方的不断加入，外部供需关系在某时刻会达到相对平衡，此时企业增长开始放缓，库存高涨、订单交付不及时、成本高、质量差等问题开始显现。以往的"铁路警察，各管一段"的分段供应链低效协作的方式已无法满足客户的需求。企业需要一场效率变革，整合供应链各职能来解决运营系统内部的协作效率问题，于是开始引入集成供应链概念，对组织架构进行规划修剪，将计划、采购、物流、仓储等部门集中在一个大供应链部门，统一管理，共享KPI。第一任供应链总监必须是个实力派才能整合各个"山头"，有的企业总经理亲自担任第一任供应链总监，有的企业引入咨询公司帮助变革。这是供应链2.0阶段——集成供应链。

（3）随着竞争的加剧，外部供需关系出现产能过剩、需求不足的情况，此时企业面临市场需求多变的形势，只集成供应链内部运营协同系统已不够，需要更高层次的价值链系统协同。企业内部研发、销售、供应链三大价值链职能以客户为中心，建立协同系统；外部有效整合供应商资源，协同创造客户价值。这是供应链3.0阶段——协同价值链。

（4）企业外部供需关系再发展，进入互联网+时代，各种创新的商业模式层出不穷，以数字化为手段，打造平台，构建生态。资本的大规模进入催生了各种新技术，区块链底层重构、无边界创新，企业进入智慧生态圈竞争年代。我们把这个阶段命名为供应链4.0阶段——智慧生态圈。

表2-1总结了供应链四个阶段的主要特征。

表2-1 供应链的四个阶段

发展阶段	核心目的	外部供需关系	关键主体	关键行为
供应链1.0 分段供应链	扩大产能	供不应求	专业职能部门	文化建设，关注库存，升级2.0

（续）

发展阶段	核心目的	外部供需关系	关键主体	关键行为
供应链2.0 集成供应链	提高内部响应市场的效率	供需平衡	企业供应链内部	集成架构，设定供应链绩效，信息化建设，升级3.0
供应链3.0 协同价值链	柔性竞争力	供过于求	企业价值链（研发、销售、供应链）和供应商	销售运营计划，目标成本法，领导力，行动学习，升级4.0
供应链4.0 智慧生态圈	创新	互联网+时代	跨企业、平台化、生态系统	供应链规划，互联网+，大数据，模式创新，平台化，生态系统建设

供应链4.0系统升级的动力是什么？是企业的终极目标：客户满意与企业盈利。一方面客户满意与企业盈利互相促进，另一方面客户满意与企业盈利不断为供应链升级注入能量。要实现客户满意与企业盈利，就要实现供应链的系统管理，包括供应链战略、供应链流程、供应链团队与信息化建设。供应链战略解决如何赢的问题；供应链流程解决端到端的运营实现问题；供应链团队赋能并解决问题；信息化建设帮助企业实现信息共享、固化流程、数据分析、持续改进。综合上述分析，我们就有了供应链4.0升级路线图，你可以用它来判断你的企业供应链管理的成熟度（见图2-1）。为了更容易区分，我们用四种灰度来表示不同的成熟度，当企业处于供应链1.0阶段时，颜色最深；当企业处于供应链2.0阶段时，颜色次深；当企业处于供应链3.0阶段时，颜色更浅一些；当企业处于供应链4.0阶段时，颜色最浅。

我们将在后续章节对供应链1.0～4.0依次展开介绍。值得注意的是，由于供需关系变化的渐进式特点，制造型企业往往会沿供应链1.0～4.0逐步升级，每一阶段都是下一阶段的基础，很难跳级。即便有些电商平台、互联网平台等供应链平台公司，给客户提供的服务体验是按供应链4.0智慧生态圈进行商业模式构建的，但平台公司内部的供应链管理发展依然会按供应链 1.0～4.0 渐进式升级。

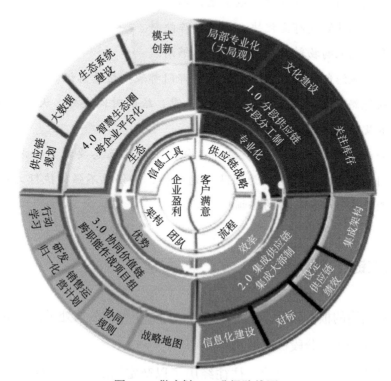

图 2-1　供应链 4.0 升级路线图

第二节　供应链 1.0：分段供应链

一、供应链 1.0 典型场景

山东 TH 化工公司总经理王总最近很心烦，公司不缺订单，但管理不让人省心，每天要开很多会。有管理层开玩笑说，TH 公司白天开会，晚上干活。开会就是各部门吵架：

销售抱怨计划调度不给力。

计划抱怨销售预测不准，抱怨生产不能及时完成生产任务。

生产抱怨计划没有变化快，抱怨仓库缺料。

仓库抱怨采购物料不及时，货仓不够用。

质量部抱怨包括总经理在内的所有部门都缺乏质量意识。

采购抱怨质量卡得太严，计划总是变，给的时间太短，天天救火，财务付款不及时……

开会时各部门斗智斗勇，推卸责任，不得已王总要经常扮演大家长，协调部门间的冲突。王总认为团队沟通不畅，责任感不强，执行力有问题，决定近期开展一场执行力的培训！

二、供应链 1.0 概述

王总公司的根本问题不在于执行力，而在于他的公司处于供应链 1.0 阶段——专业分工、分段供应链。

处于供应链 1.0 的企业，往往经历了以产定销的阶段：外部市场处于供不应求的状态，公司生产什么，客户都会接收。客户即使不满意，也会忍耐等待，这样的环境极容易造成企业内部追求专业化分工，各部门只见树木不见森林，缺乏全局观，高层官僚作风蔓延，部门间山头林立。由于缺乏沟通机制，部门间争吵、推诿、扯皮时常发生，总经理要经常扮演仲裁官的角色。当企业处于供不应求的外部环境时，企业内部的各种不协调会被良好的外部环境带给企业的高速增长所掩盖。现在的一些重资产企业，如化工、钢铁等行业巨头，仍有不少属于供应链 1.0 模式。图 2-2 的漫画反映了典型的处于供应链 1.0 阶段的企业场景。

图 2-2　处于供应链 1.0 的企业场景

三、供应链 1.0 的组织架构

供应链 1.0 阶段的组织架构，以专业化分工、职能制管理、金字塔型架构为特征，供应链的相关职能被分解到各专业部门里，强调专业化分工，各部门都以本部门的 KPI 为行动方向，都不对最终结果负责。强调层层审批，会议多，协调成本高，"铁路警察，各管一段"的弊端已出现。在为企业做咨询时，我遇到很多企业反馈各部门权责不清，希望厘清职责，其实这时的组织架构使企业无法从根本上厘清权责，权责不清是专业化分工、职能制管理、金字塔型架构的必然结果。

典型的供应链 1.0 企业的组织架构如图 2-3 所示。

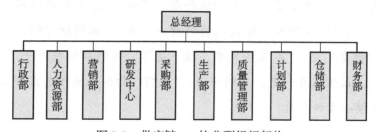

图 2-3　供应链 1.0 的典型组织架构

四、供应链 1.0 潜在问题

处于供应链 1.0 阶段的企业极易出现以下问题：

- 企业内耗严重，各部门本位主义，对市场变化反应不灵敏。
- 市场供需关系稍变，就会出现库存高、交付差、客户满意度低的问题。
- 公司氛围压抑，以管为主，各部门都在扩充边界，容易出现"太监干政"的现象。

企业管理者在面对这些问题时，为了提升各部门的绩效，往往会导入绩效考核，而绩效考核又偏向于"从专业进行考核"而非"从整体进行考核"，偏向于测量员工"做了什么"而非"取得了什么成果"，再加上领导个人偏好，或是喜欢下属互相制衡，就会造成部门之间推诿扯皮，问题日趋严重。

说句题外话，清末我国被八国联军欺负，很大一部分原因是清政府采取分工制衡式管控，层层审批，协调成本极高。内控极好，但当应对外部突发变化时就处处受制，导致节节败退。

这里有一则笑话生动说明了各部门各自为政、不顾全局的问题。

某人到牙科拔牙，牙科大夫不小心把拔出来的牙掉进了患者的喉咙里，牙科大夫说："没办法了，你去咽喉科看一下吧。"这人到咽喉科，医生检查了一下说："不在咽喉，你到肠胃科看一下吧。"来到肠胃科，医生用内窥镜仔细检查完说："不在肠胃里，往下走了，你到肛肠科看一下吧。"来到肛肠科，医生扒开一看，尖叫一声："天啊！你这个地方怎么会长着一颗牙，你赶紧去牙科看看！"

五、供应链 1.0 解决方法

在分段式管理模式下,企业往往通过上下层级的金字塔组织架构进行协调,金字塔组织架构多以"控制"为核心,沟通层次多,决策速度慢,不能快速响应市场变化,无法适应激烈的市场竞争,同时容易产生官僚主义,患上"大企业病"。要解决分段供应链出现的"铁路警察,各管一段"的问题,不同国家的企业思路不同,总体来说具体措施有建立跨部门协同的文化,建立基于整体贡献而非局部行为的考核体系。当然,也有一种方法是靠企业英明神武的领导,他能鞠躬尽瘁、事无巨细地做出各种判断与决策。这里重点说说日本企业、中国企业、欧美企业结合本国国民文化建立跨部门协同文化的不同方式。

日本企业:强化客户服务理念,始终强调下道工序是上道工序的客户,让各部门找到自己服务的内部客户,并以联络、沟通、报告等方式解决跨部门协同问题。

中国企业:推行企业文化建设来解决协同问题,比如心连心化肥,提出"三讲三不讲"的企业文化——"讲自己不讲别人,讲结果不讲过程,讲主观不讲客观";开展自我批评,寻找自身可改善的地方,而不是指责其他部门;强化部门沟通机制,从而实现高绩效的增长。

欧美企业:强化团队理念,"我们是一个团队",强化跨部门沟通技巧。

总之,在这个阶段,随着竞争者的不断加入,外部供需关系正在发生变化,以产定销的模式渐渐无法满足客户的需求,"铁路警察,各管一段"式的管理内耗又降低了企业的竞争力,导致企业库存高涨、订单交付不及时、成本高、质量差等一系列问题。越来越多的企业认识到要"让听得见炮声的人来决策"。优秀企业开始引入集成供应链概念,建立协同型的组织架构来适应市场，这时企业升级到供应链2.0——集成供应链阶段。

第三节　供应链2.0：集成供应链

一、供应链2.0典型场景

华为是一家非常优秀的民营通信公司，在快速发展的道路上，曾借助IBM咨询对现有供应链系统进行了一场变革，推行了集成供应链（integrated supply chain，ISC），这对华为打造在行业中的竞争优势起到了重要作用。时间回溯到1999年，华为业务高速发展，但交付存在一系列问题，突出表现在：

- 交付不及时，齐套发货率只有20%～30%。
- 经常发错货，公司甚至专门成立一个"发正确货"小组，由一位副总裁担任组长。
- 存货周转率一年两次。

调研发现华为的供应链管理有以下突出问题。

销售方面：市场销售信息收集不齐全、不系统、共享度低，合同先签后评审等不规范现象较为严重；合同评审环节多，实效低，不能快速响应客户需求。

需求管理与预测方面：缺乏系统的需求预测工具和方法，需求预测不准确，没有可执行的销售运营计划（sale & operations planning，S&OP），无法建立有效的主生产计划，物料需求计划（material requirement planning，MRP）运行结果无法指导企业生产和供应商交货，齐套性差、高库存和低准时交付问题并存。

订单履行方面：得不到可靠的可承诺供应能力（available to promise，ATP）数据，客户需求日期与生产计划脱节，订单履行分散在多系统中，涉及多职能部门,信息沟通实效低,无法及时反馈客户订单执行情况。

可获得性方面:销售订单中的30%~40%是"急单",许多客户定制的产品无标准配置,产品间通用器件少,生产经常欠料装配;与关键供应商没有建立长期战略伙伴关系,供应商供货周期长,生产计划和客户订单脱节造成"偷料"问题严重,进而导致总交货周期长,按时交付率低。

信息化方面:物料清单(bill of materials,BOM)、工艺路线等数据不准确,信息化系统无法有效支持供应链运作。

在这种情况下,华为引入IBM咨询,做供应链变革,推行集成供应链。

二、供应链2.0概述

供应链2.0的典型特征是集成供应链。集成供应链是指由相互间提供原材料、零部件、产品和服务的供应商、合作商、制造商、分销商、零售商、顾客等集成起来所形成的网络。集成供应链管理的方法打破了部门墙,企业可以根据内部供应链运营需要,建立"大部制"的组织架构,集成内部供应链各个环节的业务流程,建立高效协同的合作关系,统筹规划物流、信息流、资金流,以实现供应和需求匹配,在满足服务水平的同时,使整个供应链的成本降到最小。

绩效考核是组织行动的风向标,华为设定了四个主要绩效指标:客户满意度、库存周转率、订单到发货的提前期和总成本,同时分析了当前现状和未来提升潜力,结合业界的改进实践,制定了每个绩效指标的提升目标及实施路线,并以这些指标作为设计端到端流程的基础。华为绩效指标及提升目标如表2-2所示。

表2-2 华为绩效指标及提升目标

绩效指标	指标说明	提升目标
客户满意度	发货绩效	15%~30%
库存周转率	库存降低	25%~60%

（续）

绩效指标	指标说明	提升目标
订单到发货的提前期	订单履行周期	30%～50%
总成本	供应链成本降低	25%～50%

三、供应链 2.0 的组织架构

华为对供应链的组织架构做了很大的调整，如图 2-4 所示。将计划与订单履行、制造工程部、制造部、采购部、区域供应部、质量部、物流部、计划业务管理部整合到供应链管理部。其中，将制造工程部、质量部也作为供应链的有机组成部分，表明企业提高整体效率的决心。

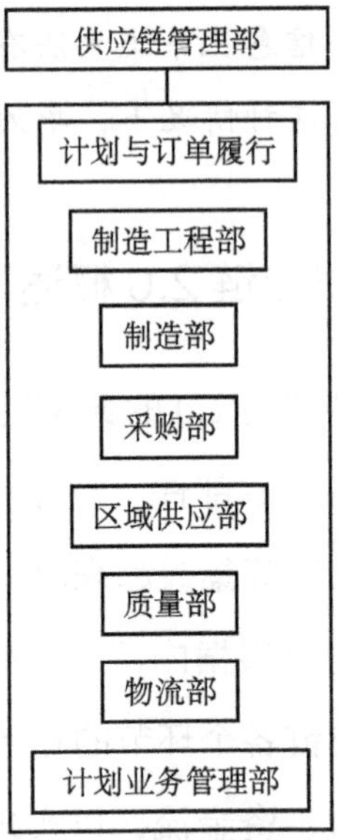

在集成供应链模式下，企业设立了供应链管理专业部门，从组织架构上解决了分段供应链中"铁路警察，各管一段"的部分问题，尤其是把和交付相关的计划、采购、物流、仓储集中在一个管理架构下，信息透明度和共享度大大提高。

图 2-4　华为集成供应链的组织架构

四、供应链 2.0 潜在问题

集成供应链管理部门属于后设部门，整合了本来分散在各个部门中的职能，因此不可避免地会沿用原来的工作方式和习惯。

这主要会导致以下问题：

- 供应链管理部门内部权责不清晰，职能空泛，灰色地带比较多，无法落地。
- 部门内部矛盾解决后，又会出现跨部门的矛盾，各部门互相抱怨。

五、供应链 2.0 解决方法

要想解决新成立供应链部门的问题，首先要抓好三个关键点：

第一，部门定位问题。这个问题不能只靠供应链管理部门自行探索，需要高层共同讨论，最终给出清晰明确的定义。

第二，首任供应链总监人选问题。不建议直接外聘空降，最好在企业内部选择。由于这是一个由多部门集成的新部门，人员关系复杂，对于管理者来说，领导能力比专业能力更重要，因此应该优先选择内部领导能力突出的管理者担任。例如，总经理或常务副总级别的领导亲自兼任，等系统稳定再进行移交，这样就能平稳过渡。

第三，重塑工作流程。由于新成立的部门容易产生权责分工不清晰的问题，所以，要梳理流程，重新定义组织架构，厘清岗位权责。

之后销售、研发与供应链之间的跨部门协同问题会开始凸显，此时应将供应链 2.0 集成供应链升级到供应链 3.0 协同价值链。

第四节　供应链 3.0：协同价值链

一、供应链 3.0 典型场景

华为曾在苏丹电信项目上惨痛丢单，方案被竞争对手全方位碾压，华为内部总结为该项目既丢单又丢人。究其原因，最后发现设计、销售、供应链各自为政，本位主义，对项目缺乏有效沟通。华为痛定思痛，决心打破部门墙，将各部门人员纳入一个项目小组，建立由客户经理、解决方案专家、交付专家组成的面向客户的作战单元，华为称该作战单元为"华为铁三角"。华为铁三角以项目作战小组模式运营，三位一体，有效协同，从而为华为持续满足客户需求打下坚实的团队基础。华为铁三角示意图如图2-5所示。

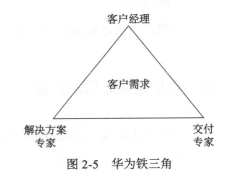

图2-5 华为铁三角

二、供应链3.0概述

近年来外部环境越来越不确定，复杂、多变的外部环境对企业产生如下影响：

- 需求多变，难以预测，计划性差。
- 交货周期长。
- 按时交货率低。
- 库存高。
- 内外部客户满意度低。
- 会议多，扯皮多，应收账款多。
- 利润少。
- 拖欠供应商货款。

不确定的环境对企业提出了更高的协同要求，单靠供应链一个部门已无法解决上述问题。企业内部必须打破部门墙，供应链部门在更大范围与研发、销售建立协同，同时在外部与供应商协作，方能共同应对挑战。

企业应对市场竞争的作战部队，简单说是陆、海、空三军。研发是空军，设计出爆品，就可以从空中高维打击竞争对手，产品研发能力强是可以弥补营销与供应链不足的，其典型代表是苹果公司。营销是海军，通过准确的市场定位与营销手段，引导客户下单购买，其典型代表是小米公司。供应链则是地面部队，对外保证交付，满足客户期望，包括质量、时间、价格、服务以及客户体验；对内要控制库存，降低总交付成本，并且持续改善，其典型代表是丰田公司。

陆、海、空三军如果高效协作，就构成了企业的价值链系统。《国务院办公厅关于积极推进供应链创新与应用的指导意见》（国办发〔2017〕84号）对供应链的定义是"以客户需求为导向，以提高质量和效率为目标，以整合资源为手段，实现产品设计、采购、生产、销售、服务等全过程高效协同的组织形态"。这个定义不是供应链2.0阶段对供应链的定义，而是供应链3.0阶段价值链的定义。国务院办公厅的定义其实是想传递，只有供应链与产品设计、销售协同，才能更好地服务客户、创造价值的思想。

三、供应链3.0的组织架构

供应链3.0的组织架构是项目组作战模式，以华为铁三角为例，华为铁三角的项目组成员对应传统企业各职能部门如下：

- 客户经理对应销售，负责客户关系。
- 解决方案专家对应研发设计部门，为客户提供有价值的解决方案。
- 交付专家对应供应链，整合内外部资源，按时、按质、低成本交付给客户。

华为铁三角把价值链中的三大职能从金字塔结构改造成项目组结构，三位一体，有效协同，共同面向客户，满足客户需求。华为铁三角给供应链从业者什么启示呢？

（1）市场导向思维。打破以往金字塔组织架构和对上级负责的思维限制，建立对市场、对客户负责的新思维；"让听得见炮声的人来做决策"，快速响应客户需求。

（2）跨部门协同。拆除部门墙，有些勇于变革的企业甚至会尝试取消中层，拆分出很多对市场直接负责的小微创业公司，原来的大企业成了孵化平台，简单来说就是：大客户，小组织；高协同，快响应。

（3）供应链人员积极主动。因为客户满意是靠供应链最终交付来实现的，所以所有的压力都会转移到供应链职能身上，供应链管理者必须能够横向沟通，提前介入，主动参与，而非消极等待，事后抱怨。

四、供应链 3.0 潜在问题

供应链 3.0 要解决供应链与销售、研发之间跨部门协作的问题，在具体的流程上，以下问题成为关键：

- 如何让销售与供应链有效协同，使销售运营计划真正起作用，而避免成为产销协调会？
- 如何让研发支持供应链，推行面向供应链的设计？

五、供应链 3.0 解决方法

对价值链三个部门研发、销售、供应链进行整体考核，建立共享指标。企业建立敏捷供应链系统，将成品库存指标给销售；推行集成研发系统或目标成本法，将降本指标给研发。

推行协作的文化与活动，提升领导力。推荐企业使用 4D 领导力系统，4D 领导力系统由美国国家航空航天局前天体物理部主任、天文物理学家查理·佩勒林博士发明，是对团队文化和领导力建设非常有效的学习系统。4D 领导力是一套经过 20 多年检验的科学有效的思想、方法论和工具，它具有以下特点：

- 组织层面——营造高绩效、低风险的组织背景，提升客户满意度，提高员工保留率，增强组织正能量场。
- 团队层面——提高团队凝聚力与执行力，激发团队创造力与愿景驱动力，增强部门之间的协作力。
- 个人层面——提高自省与觉察，向内聚焦，提升责任感与敬业度，增强幸福感与归属感，全面发展 4D 领导力。

4D 领导力系统的核心框架如图 2-6 所示。

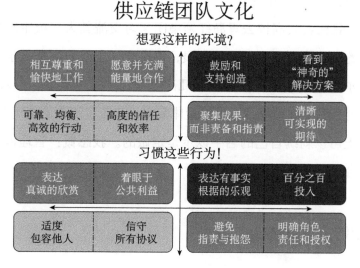

图 2-6　4D 领导力系统的核心框架

借助 4D 领导力系统，公司内部推行各种行动学习小组，由企业价值链（研发、销售、供应链）和供应商共同进行团队行动学习，团队共创，解决企业面临的难题，提升企业竞争力。

第五节　供应链 4.0：智慧生态圈

一、供应链 4.0 典型场景

进入互联网＋时代，各种商业模式创新层出不穷，许多领先的企业以数字化与流程为手段，打造平台，构建生态。这个阶段资本大规模进入供应链创新型企业，随着各种新技术的出现，尤其是区块链底层重构、无边界创新，一部分企业进化到供应链 4.0 智慧生态圈阶段。

大家可以登录网址：http://tv.cctv.com/v/v1/VIDEWuLfbxsCnPX7s5StaMoG170220.html 观看中央电视台 2 套财经频道《经济半小时》栏目做的一期节目："'智造'引领中国制造"。

当时，我代表某高校去青岛红领集团学习交流其大规模定制的平台模式。同行的有不少知名企业高管人员，都是交了上万元学费去学习红领模式的。海尔集团张瑞敏也组织人员几次参观访问红领集团。参观学习后，很多学员为了感受红领模式，纷纷量体裁衣，又花了不菲的费用定制服装，当然服装上可以刺绣自己的名字以示是定做的。我感慨：管理模式可以卖钱，可以自动带来客户。

二、供应链 4.0 概述

用最有效率的方式连接需求方与供应方，形成一个生态系统，这是供应链4.0的一个典型特征。下面以红领集团为例，说明生态圈建设的一些关键点。

红领集团以客户为中心，通过数字化打通自身的流程，创造出独特的价值。

红领集团用了戴尔的"直销+大规模手工定制"模式，构建了从客户到生产者（customer to manufacturer，C2M）的个性化定制平台，以此为客户创造独特价值。表2-3列举了红领集团与传统服装公司供应链模式的不同。

表2-3 传统服装公司与红领集团的供应链模式对比

传统服装公司	红领集团
做了再卖	卖了再做，没有库存积压
一衣万人穿，同质化	人人设计，给客户提供个性化的产品，彰显价值
渠道商层层加价	客户直接面对工厂，省去中间环节，低成本
黏性低，往往一次性采购	黏性高，完善的客户关系管理系统使得企业可以对重复订单直接套用数据，节省客户时间

目前，红领集团个性化定制系统能够保证工厂从接单到出货最长只需要7个工作日，红领集团的生产成本降低40%，利润率提高100%以上，企业资产增加了，资金周转能力提升了。

商务部在年度电子商务示范企业的案例描述中，对青岛红领集团有这样的描述：

（1）数据标准化，实现个性化定制。随着消费水平和消费观念的提升，消费者的个性化、差异化需求日益增多，定制服装重新赢得人们的青睐。但是传统的服装定制需要量体师以手工的方式量体、打版、制作毛坯，并在顾客试穿后反复修改。红领集团基于过去在服装行业十多年的积累，构建顾客直接面对生产者的个性化定制平台"酷特智能"，采用数据建模和标准化信息采集的方式，将顾客分散、个性化的需求，转变为生产数据，创新打版和量体方式。

红领集团自主研发专利量体工具和量体方法，采用 3D 激光量体仪对人体 19 个部位的 22 个尺寸进行数据采集。采集的数据和版型数据库相匹配，客户只需在定制平台上填写或选择自己的量体信息、特体信息和款式工艺信息等数据，后台的智能系统就会根据客户提交的数据，自动将其与数据库中存储的模型进行比对，输出客户的尺码、规格号、衣片、排料图、生产工艺指导书以及订单物料清单等标准化信息，把个性化的信息变成标准化数据。与此同时，网页上会给客户展示一个 3D 模型。通过模型，顾客可以立体、细致地观察款式颜色、细节设计、布料材质等。这套系统还有自我更新的学习能力。随着越来越多的订单逐渐进入系统数据库，数据越来越大，系统的学习值不断提高，经验累积也越来越多，智能系统就变得愈发聪明。

（2）流程模块化，实现批量化生产。通过 C2M 平台提交消费者定制需求后，系统自动生成订单信息，订单数据进入红领集团自主研发的版型数据库、工艺数据库、款式数据库、原料数据库进行数据建模。C2M 平台在生产节点进行任务分解，以指令推送的方式将订单信息转换成生产任务并分解推送给各工位。生产过程中，每一件定制产品都有其专属的电子芯片，并伴随生产的全流程。每一个工位都有专用终端设备，可以从互联网云端下载和读取电子芯片上的订单信息。

三、供应链 4.0 的组织再造与平台化共享

红领集团在管理上同步推行以客户需求为中心反向整合组织资源、以节点管理为核心的组织再造。红领集团全面整合和清除冗余部门，将原有的 30 多个部门整合为六大中心进行协同管理：供应链中心、生产中心、客

服中心、财务中心、信息中心及人力资源中心。供应链中心囊括了仓储、供应、研发、设备、生产等部门。原来是层级化管理，现在是平台化管理，无障碍点对点。整合是为了更好地协同，从而更高效地满足客户需求。同时红领集团建立了以客服中心为神经中枢的管理模式，即客户的所有需求全部汇集至客服中心，客服中心点对点直接下达指令，调动公司所有资源满足客户需求。客服中心的每个节点对外代表红领集团，对内则代表客户需求。红领集团借此消除中间层级，把客户需求与公司能力之间隔着的"墙"全部拆除，完全做到以客户为中心。与以客服中心为中枢的简化管理结构相匹配的是建立以节点管理为核心的管理模式。

平台化管理系统对供需伙伴开放，形成生态系统。未来，红领集团将聚焦于企业大平台的搭建，形成以 C2M 平台为主体的战略架构，将旗下酷特科技、酷特金融、酷特工厂及酷特电商四大板块紧密结合，以企业大平台承载各类平台的发展，同时逐步完善数字化云服务平台，通过云计算、大数据优化商业生态，实现行业产业链的聚合、复制、协同，建立一整套客服诚信保障体系。在拓展酷特智能 C2M 模式方面，红领集团拟吸收更多的制造企业，形成拥有庞大产业体系的 C2M 生态圈。酷特智能 C2M 模式将以"定制"为核心拓展多领域跨界合作，为 C 端和 M 端提供数字化、智能化、全球化、全产业链协同的解决方案。

其中，电商平台将持续在"定制式生活"的战略目标上发力，将定制扩展到服装以外的各生活场景。搭建平台，帮助千千万万制造型企业在平台上做直销。红领集团要的是一个彻底的 C2M 解决方案，帮助广大的制造型企业进行软硬件转型升级，实现大规模定制模式下的平台化直销。

目前，经过持续科研投入，酷特 C2M 产业互联网平台已经研发出一整套完整的工业升级改造方案，包含全新的数字化治理体系和酷特治理平台、全数据驱动的个性化定制的全生命周期解决方案，可以帮助传统产业向智能制造转型升级。截至 2021 年底，已在包括服装鞋帽、机械、电子、化工、医疗、家居建材、门窗等 30 多个行业的 100 多家企业中进行了实践和探索。

四、供应链 4.0 潜在问题

供应链 4.0 阶段充分体现了信息技术的便利性，但同时也凸显了技术本身的问题，包括数据安全问题，个人隐私保护问题，为追求短期利益利用大数据算法杀熟的问题，伪生态系统非法融资问题，以及可持续发展、上下游生态建设、平台大了的压榨问题等。

五、供应链 4.0 解决方法

从国家层面鼓励创新，倡导加强企业伦理建设。此外，企业还应利用技术手段，在发展中创新，如建立区块链诚信机制。

在供应链 4.0 年代，大数据研究消费者行为，众筹锁定客户需求，智能自动化实现柔性生产，生态圈实现伙伴多赢，区块链改变底层信任方式。无边界年代，一切皆有可能。

第二章 导航：供应链4.0升级路线

章节导图

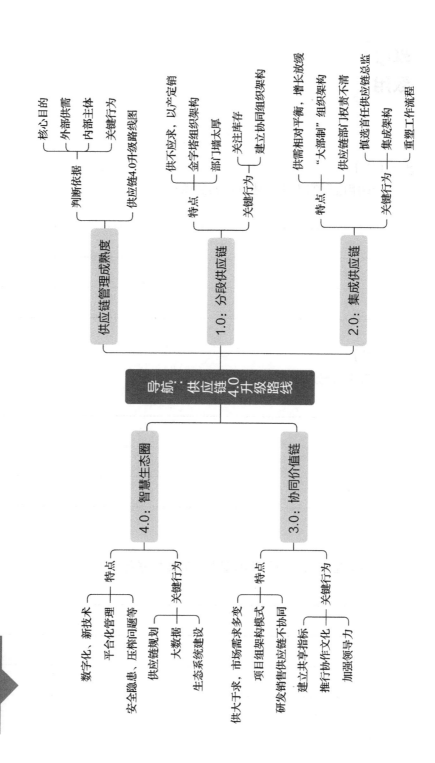

学以致用

【学】
请用自己的语言描述本章的要点：

_____

_____

_____

_____

【思】
描述自己企业的相关经验与本章的启发：

_____

_____

_____

_____

【用】
我准备如何应用？我希望看到的成果是什么？

_____

_____

_____

_____

会遇到哪些障碍？

解决障碍有哪些方法、措施、资源？

我的行动计划：

---

03 第三章

规划
供应链战略与绩效

战术上的勤奋，无法替代战略上的缺失。企业需要一个清晰、成文的供应链战略来指引自身的供应链发展方向，使团队力出一孔。企业供应链战略水平可以分为四个水准：有没有，知不知，信不信，做没做。本章将重点介绍供应链战略与企业战略的关系、一个好的供应链战略是如何制定出来的，以及企业如何设计供应链绩效评价指标并使其与战略形成闭环。

第一节　供应链类型与企业战略匹配

战略是指导组织发展方向和明确发展目标的长远规划，它注重全局性、长期性、竞争性和具体性。战略要解决四个问题：

- 我们是谁？（使命）
- 我们要去哪儿？（愿景）
- 我们在哪儿？（现实）
- 怎么去？（战略设计与路径）

供应链战略与企业战略的关系如图 3-1 所示。

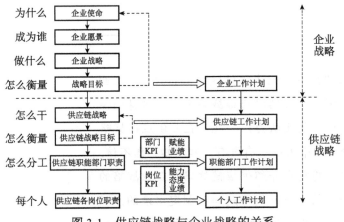

图 3-1　供应链战略与企业战略的关系

在图 3-1 中，上半部分是企业的战略体系，分为使命、愿景、战略与战略目标四部分。使命说明了一个组织存在的理由和价值，明确了为谁创造价值、创造什么样的价值。愿景是要告诉大家企业将来做成什么样子，是对企业未来发展的成功画面的描述，是指引与动力。使命、愿景如何实现，这是战略要解决的问题，企业战略简单来说是一种选择，即企业做什么才能赢。商学院把赢的策略分为三种：第一种靠成本领先优势赢，被称为低成本竞争战略；第二种靠创造不同的价值赢，被称为差异化战略；第三种靠集中资源赢，把经营重点放在一个特定的目标市场，为特定客户提供特殊的产品或服务，被称为聚焦战略。战略清晰后，用来衡量战略是否达成的就是战略目标。

图 3-1 的下半部分展示的是企业的供应链战略对企业战略的承接。供应链战略作为一项职能战略，它要向上承接企业战略与战略目标，向下设计供应链长期发展规划，确定供应链战略目标，并确定各职能部门职责及工作计划。

供应链战略如何承接企业战略呢？

简单来说，一家企业执行成本领先战略时，所生产的产品往往是日常功能型产品，如方便面、经济型汽车等，日常功能型产品的特点是可以满足客户基本需求、产品生命周期长、需求稳定、可以预测。生命周期长、需求稳定也意味着竞争较为激烈，产品利润不高；可以预测意味着企业可以根据需求比较确定地安排生产计划，形成稳定的生产节奏。成本领先战略比拼的是管理的精细程度，需要供应链系统全员参与、持续改善，以提升能力，推动成本的不断降低，从而形成市场竞争优势。这种供应链类型被称为精益供应链。其典型的代表企业是以精益生产著称的丰田汽车以及以"价格屠夫"著称的格兰仕。精益供应链以生产为改善中心，不断扩大到整个供应链，其生产模式被称为精益生产，对应到供应链战略为精益供应链战略。

当企业执行差异化战略时，产品往往是创新型、高科技、时尚类产品。创新型、高科技、时尚类产品的特点是能满足客户个性化需求、生命周期短、需求难以预测。这类产品因为能满足客户个性化需求，所以利润比较高，但难以有效预测，对企业而言，根据需求变化及时有效地交付比降低成本更有价值，所以最佳匹配的供应链为敏捷供应链，以柔性生产方式快速交付，其典型的代表企业是 ZARA。

表 3-1 对精益供应链与敏捷供应链匹配的战略类型、产品类型、特点、客户核心诉求、主要目标、制造策略、库存策略、提前期及选择供应商的重点进行了横向对比。

表 3-1　精益供应链与敏捷供应链的对比

项目	精益供应链	敏捷供应链
战略类型	成本领先战略	差异化战略
产品类型	日常功能型产品	创新型产品
特点	需求稳定，可预测	不可预测的需求
客户核心诉求	省	快
主要目标	聚焦效率，扩大产出，降低生产成本，不一定要满足顾客的个性需求	聚焦响应，快速响应不可预测的需求，让畅销品快生产，控制滞销品
制造策略	规模化生产降成本，持续改善	有效产出，按需生产，突破瓶颈
库存策略	推式，以降低供应链库存为主	拉式，以提高客户服务水平为主
提前期	在不增加成本的前提下缩短提前期	采取主动措施减少提前期
选择供应商的重点	成本和质量	速度、柔性和质量

如果产品与供应链类型匹配错误，会有什么问题呢？创新型产品如果匹配了精益供应链，客户急得嗷嗷叫，企业却把精力放在 5S[一]等基础性工作上，追求持续改善，这样有可能现场做好了，客户丢了。日常功能型产品如果匹配了敏捷供应链，交付速度很快，比如空运方便面，但客户更关心价格，对你的快速生产并不领情，利润就会丢失。

丰田为什么会打开大门允许其他企业来参观学习？因为按照 80/20 法则，日常功能型产品品类占了 20%，总销售量占了 80%；创新型产品品类占了 80%，总销售量只占 20%。丰田之所以允许其他企业来参观，是因为世界上 80% 的企业属于敏捷供应链，这类企业在丰田很难取到真经。此外，还因为产品类型、行业地位、市场环境皆不相同。我曾与国内企业家研修团一起去丰田学习，在交流环节，国内的企业家问了很多诸如"供应商不配合怎么办""员工流失怎么办"这样的问题，丰田的日本干部听到问题后呆了一下，回答说丰田的供应商都很配合，员工都是终身雇用，极少流失，没有遇到中国企业的这些情况，最后只好把丰田的生产模式又讲了一遍。敏捷供应链应用精益管理模式，有可能工厂现场管得很好，却交不出客户要的货。而剩下 20% 的精益型企业很难赶超丰田，因为丰田的供应链是大

[一] 5S 是持续改善过程中的技巧，5S 是五个日语单词的首字母，即整理（seiri）、整顿（seiton）、清扫（seiso）、清洁（seiketsu）和素养（shitsuke），前四个 S 是手段，最后一个 S 是目的。

野耐一结合丰田实际情况制定的，深入骨髓的持续改善文化与改善力，让其他企业要么学到的只是丰田的"形"，要么学到的是昨天的丰田。

要注意，企业产品是有变迁周期的。刚开始的创新型产品，随着产业的成熟，终归会变成日常功能型产品，甚至消亡，比如说当年的 BP 机与大哥大，从刚开始的奢侈品到变得普通，再到最后消亡，价格也一落千丈。企业要随产品变迁及时调整供应链类型，否则就会产生不匹配的情况，不可避免地走下坡路。戴尔电脑就是这样的一个例子，在创业时其个人电脑属于高科技产品，匹配敏捷供应链非常合适，产品与供应链匹配，戴尔电脑高速发展。但随着技术的不断成熟，个人电脑从高科技产品变成日常功能型产品。这时戴尔需要重新适配：一种是靠研发把产品从日常功能型产品重新拉回到创新型产品，如苹果与微软；另一种是产品定位还是日常功能型产品，将敏捷供应链切换为精益供应链，但这方面戴尔与更具精益基因的民企相比并没有多少优势。将供应链切换成精益模式，将自有工厂出售，选择精益型代工厂代工，戴尔则专注在供应链的辅导与管理上，可能会是更好的选择。

读完本节，希望读者明确一个问题：你的企业应该匹配精益供应链还是敏捷供应链？

第二节 制定企业供应链战略

在辅导企业制定供应链战略时，我们会先开一个供应链愿景工作坊，带领团队绘制企业供应链愿景，目的是给供应链战略的制定过程赋能，使战略以未来和成果为导向。在绘制企业供应链愿景时，企业可以从四个维度进行思考：客户的维度、供应商的维度、企业管理者的维度与内部利益相关方维度，这种思考方式可以保证愿景与战略更加全面、平衡。在制定供应链战略时，还要思考两个基于未来、面向成果的问题：

- 问题1：五年后的今天，假如你的企业供应链管理已经非常成功，它应该是什么样子的？
- 问题2：五年后成功的你会对今天的你说些什么？

基于以上思考，团队可以画出企业供应链愿景图。

有了企业供应链愿景图做指引，团队可以使用SWOT分析法和平衡计分卡两种方法制定供应链战略。

一、应用SWOT分析法制定供应链战略

应用SWOT分析法制定供应链战略体系的具体步骤如下：

- 确定供应链战略目的及范围。
- 明确供应链战略制定的权责规定。
- 确定供应链战略体系（包括使命、愿景、价值观）。
- 通过SWOT分析派生出供应链职能战略。
- 输出战略措施。
- 输出关键任务与行动计划。

下面结合一家民营企业供应链战略制定的实例对应用SWOT分析法制定供应链战略的步骤方法进行介绍。这家企业的产品类型为日常功能型产品，匹配精益供应链。

1. 确定供应链战略目的及范围

这一步骤的主要目的是澄清企业制定供应链战略的目的与本战略所涉及的范围。

范例：

本企业制定供应链战略的目的是通过整合本领域价值链上下游合作伙

伴的资源，充分发挥合作伙伴专业能力，提升供应链各方的过程管理能力，为客户提供专业产品和服务，提高运营有效性和效率，实现合作共赢，满足组织发展与变革需求。

企业供应链战略的范围包括：依据内外部顾客的需求与市场订单，调动内外部资源，对产品设计、采购、制造、交付各环节进行组织与协调，实现有效管理。

2. 明确供应链战略制定的权责规定

这一步骤主要对供应链战略规划的职能部门进行界定，对制定人、审核人、批准人、其他配合部门权责进行界定，使权责明晰。

范例：

供应链管理部为供应链管理的职能部门，负责组织供应链战略规划的制定、实施与监测，并根据需要及时组织修订调整。

供应链管理部总监负责审核供应链战略规划的制定、调整以及所需资源的配置，并代表供应链管理部向相关职能部门通报供应链战略规划，监督本规划的执行落实。

总裁负责批准供应链战略规划，并提供必要的资源。

各部门负责按供应链规划要求贯彻实施。

3. 确定供应链战略体系

供应链战略体系包括使命、愿景、价值观。

使命范例：提供人性化的专业产品和服务。

诠释：基于供应链管理现状和标杆精益管理的差距，通过系统运用并优化资源、技术、方法和工具，提高产品质量，缩短交付周期，改善工作环境，提高供应链运作效益，提升供应链整体竞争能力。

人性化的具体内涵是：及时、准确地满足客户个性化需求和提供物超所值的产品或服务，特别是客户对安全、节能、环保、舒适、周到等特性的需求，不给客户增添麻烦，并给客户带来快乐。

愿景范例：成为本领域最佳的集成供应链。

诠释：集成供应链包括系统产品集成和供应链的集成。系统产品集成是指持续创新产品及产品组合，为客户提供专业产品、系统解决方案和产品全生命周期的服务保障。供应链的集成是指供应链上的每个成员共享信息、同步计划，使用协调一致的业务处理流程，共同应对复杂多变的市场，为最终用户提供高效、快捷、灵活、可靠的产品和服务，从而在竞争中获得优势，最终实现产品和服务质量最佳、交付速度第一、供应链成本费用率最优，成为该领域供应链标杆企业。

价值观范例：快速、高效、和谐、共赢。

诠释：快速是指既保持常规条件下组织管理体系高效运作，又能在特殊任务条件下敏捷性响应。高效是指高绩效，通过优质、低耗、效率高、收益高来体现。和谐是指目标观念协调一致，信息共享准确及时，行为步调顺畅统一，资金流动快速有序。共赢是指协同作战、优势互补，实现供应链利益最大化。

4. 通过 SWOT 分析派生出供应链职能战略

通过对行业的机会与威胁、企业的优势与劣势进行分析，得出企业供应链战略。共有四种供应链战略，分别是基于供应链优势-机会的 S-O 战略、基于供应链优势-威胁的 S-T 战略、基于供应链劣势-机会的 W-O 战略、基于供应链劣势-威胁的 W-T 战略，具体如图 3-2 所示。

案例企业的供应链职能战略是：以丰田为标杆，推行精益供应链，优化并掌控关键供应链资源，把握时机通过战略联盟、收购、自建等后向一体化策略控制关键模块和技术，提高零部件标准化、模块化水平和管理能力，完善以终端客户为导向、

		外部	
		机会（O）	威胁（T）
内部	优势（S）	供应链 S-O 战略	供应链 S-T 战略
	劣势（W）	供应链 W-O 战略	供应链 W-T 战略

图 3-2 基于 SWOT 分析的四种供应链战略

合作共赢的供应链管理系统。

5. 输出战略措施

以案例中企业为例,这家生产日常功能型产品的企业所输出的战略举措包括:

- 系统识别供应链要求,分析与标杆企业丰田的差距,进行供应链设计;在供应链全过程推行全面质量管理、精益生产。
- 识别供应链关键点,掌控关键供应链资源,把握时机,通过战略联盟、收购、自建等后向一体化策略控制关键模块和技术。
- 提高零部件标准化、模块化的水平和管理能力。
- 不断完善以终端客户为导向、合作共赢的供应链管理系统,提升供应链整体竞争能力。
- 引进和培育供应链管理关键人才,包括供应链战略管理、高级精益生产及工艺管理、高级全面质量管理、高级供应链计划管理、高级物流管理方面的人才。
- 实施供应链信息一体化建设。
- 逐步实现生产、物流、质量监控的自动化或半自动化改造。

6. 输出关键任务与行动计划

在制订具体的行动计划前,先分析自身拥有的资源、面临的潜在风险,在此基础上明确应对风险的举措以及具体的行动计划。各措施需要的资源及潜在风险如表 3-2 所示,具体行动计划如表 3-3 所示。

表 3-2 解决方案的资源匹配及潜在风险

序号	需要的资源	可能的风险	应对的措施
1			
2			
3			
4			
5			

表 3-3　行动计划

序号	关键任务	成功的标准	关键行动步骤	负责人	需要的支持（人、财、物）	开始／完成时间
1						
2						
3						
4						
5						

二、应用平衡计分卡制定供应链战略地图

企业在制定供应链战略时，结合平衡计分卡呈现供应链战略是另一种常用的方法。平衡计分卡直观明了，与企业战略衔接，从财务、客户、内部流程、学习与成长四个维度平衡进行管理（见图 3-3）。

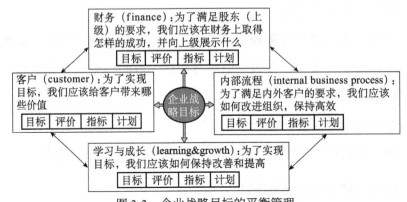

图 3-3　企业战略目标的平衡管理

从财务、客户、内部流程、学习与成长四个维度对战略目标进行平衡管理，背后的基本逻辑包含三个层面。

第一，用"共赢"指标来平衡外部与内部。一方面企业要盈利（财务指标），另一方面企业要与客户共赢，企业必须在这两方面进行平衡。企业供应链要盈利，最好的办法是提高售价与降低成本，但有可能牺牲客户的利益，降低客户的满意度。这两者必须实现平衡。

第二，用"因果"指标来平衡过程与结果。财务数据优异，客户满意，

这是结果。结果不会自然发生，而是依赖内部流程系统的有效产出，所以敏捷研发、精益生产、JIT采购等一系列运作管理应该精细化。

第三，用"远近"指标来平衡短期与长期。现在的财务数据、客户满意度、流程管控都是昨天努力的结果。要想未来好，需要在学习与成长层面不断投入。

图3-4是某工程企业结合平衡计分卡的供应链战略地图，有很大的参考价值。

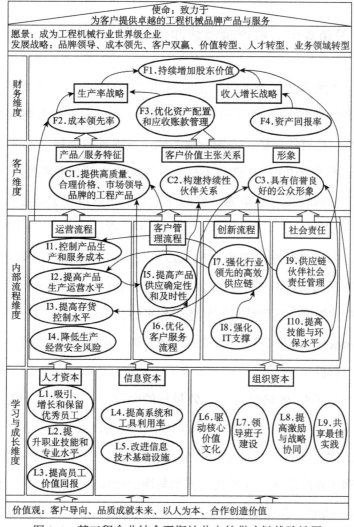

图3-4　某工程企业结合平衡计分卡的供应链战略地图

第三节　供应链绩效评估

管理学认为，如果你不能测量，就不能有效管理。为了衡量企业供应链战略的实施效果，供应链绩效评估的设计就显得尤为重要。我们先了解全球范围内对卓越级供应链的评估体系，然后再来谈谈如何设计自己企业的供应链绩效评估体系。

一、全球视角看供应链卓越绩效评价

从全球范围内的优秀供应链企业的评选来看，每年的上榜企业沉沉浮浮，关心所谓最新榜单意义已不大。同时，任何评选都会有一定的局限性，尤其是供应链的评选，因为行业不同，是很难做出科学合理的评价的。Gartner（高德纳公司）的评选也不例外，它要求上榜企业必须是上市公司，要有一定的营收规模，像华为这样的非上市公司就没机会参选；专家主观打分比例占50%，公共关系好的企业相对占便宜；缺少对客户满意度的调查，在市场中占垄断地位的企业相对占优势。瑕不掩瑜，忽略这些不足之处，企业能从这份榜单中学到什么？如何找到有意义的供应链效评估指标？上榜企业的供应链优势是如何建立起来的？

以Gartner 2021年供应链绩效的评选为例（见图3-5），我们对供应链绩效指标进行解析。

榜单上除了前25名供应链绩效最佳的公司外，另有五个供应链大师：亚马逊、苹果、宝洁、麦当劳、联合利华，因在过去十年中至少七年综合得分在前五名，所以晋级供应链大师级，有点像明星的终身荣誉奖。然后是其他优秀企业的角逐。我们结合榜单与评价指标进行解读。

Gartner的评分方法为综合得分制，综合得分为各指标乘以权重后加总，

即 2021 年综合得分 =（同行意见 × 25%）+（Gartner 意见 × 25%）+（三年加权总资产报酬率 × 20%）+（库存周转率 × 5%）+（三年加权收入增长率 × 10%）+（ESG 部分分数 × 15%）。

```
Gartner 2021年供应链绩效前25名
1. 思科（Cisco Systems）
2. 高露洁棕榄（Colgate-Palmolive）
3. 强生（Johnson & Johnson）
4. 施耐德电气（Schneider Electric）
5. 雀巢（Nestlé）
6. 英特尔（Intel）
7. 百事公司（PepsiCo）
8. 沃尔玛（Walmart）
9. 欧莱雅（L'Oréal）
10. 阿里巴巴（Alibaba）
11. 艾伯维（AbbVie）
12. 耐克（Nike）
13. 印地纺（Inditex）
14. 戴尔科技（Dell Technologies）
15. 惠普（HP Inc.）
16. 联想（Lenovo）
17. 帝亚吉欧（Diageo）
18. 可口可乐（Coca-Cola Company）
19. 英美烟草（British American Tobacco）
20. 宝马（BMW）
21. 辉瑞（Pfizer）
22. 星巴克（Starbucks）
23. 通用磨坊（General Mills）
24. 百时美施贵宝（Bristol Myers Squibb）
25. 3M
```

Gartner 总结了供应链领导者的三大趋势：

目标导向的组织
客户驱动的业务转型
数字化优先的供应链

图 3-5　Gartner 评选的 2021 年优秀供应链企业

资料来源：www.gartner.com.

总结一下，从专家维度看供应链绩效，主要从总资产回报率、库存周转率、收入增长率、企业社会责任四方面来衡量。其本质是提倡轻资产运作，通过外包与资源整合实现快周转，通过恰当的战略实现收入增长，强化社会责任保证可持续发展。

二、企业视角看供应链卓越绩效评价

从企业内部视角看供应链绩效，尽管供应链管理的指标纷繁复杂，但其关键逻辑架构是一致的，总结起来如图 3-6 所示。

供应链绩效的水平在于满足客户需求的程度，客户满意度是最重要的供应链评价指标。如何让客户通过体验感受到供应链卓越的服务水平，成为忠实的粉丝，是企业供应链管理者最应追求的目标。如何对客户满意

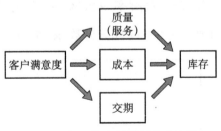

图 3-6　企业供应链绩效逻辑框架

度进行有效测量呢？我在此建议尽量不使用客户满意度调查，净推荐值法（net promoter score，NPS）比较前沿实用。

净推荐值是一种计量某个客户将会向其他人推荐企业或服务可能性的指数——没有什么能把你的用户直接发展为你的业务推销员更有说服力的了。净推荐值反映了企业的产品或服务的口碑、用户转介绍的意愿，是衡量客户忠诚度的有效指标，能区分企业的"不良利润"和"良性利润"，净推荐值法最大的优势是建立了与企业盈利增长之间的强相关性。

NPS 模型可以简化为两个问题、一个行动。

第一个问题："你有多大可能把我们（产品、服务、品牌）推荐给朋友或同事？请选择 0 至 10 之间的数字打分。"

0 分代表完全没有可能推荐，10 分代表极有可能推荐。然后依据得分将用户分为三组：推荐者（得分在 9～10 分）是产品忠诚的用户，他们会继续使用或购买产品，并愿意将产品引荐给其他人。被动者（得分在 7～8 分）是满意但不热心的用户，他们几乎不会向其他人推荐产品，并且他们可以被竞争对手轻易拉拢。贬损者（得分在 0～6 分）是不满意的用户，他们对产品感到不满甚至气愤，可能在朋友和同事面前讲产品的坏话，并阻止身边的人使用产品。NPS 值用推荐者数占总人数的百分比与贬损者数占总人数的百分比两者之间差额来反映客户满意度，即净推荐值（NPS）= 推荐

者数/总样本数×100% − 贬损者数/总样本数×100%，净推荐值的区间为 −100%～100%。通常 NPS 分值在 50% 以上被认为是不错的，NPS 得分在 70%～80% 说明企业已经拥有一批高忠诚度的口碑用户。

第二个问题："你给出这个分数的主要原因是什么？"

深入了解用户推荐或不推荐产品的原因并做好统计。

一个行动：探究客户不满意的原因，进行流程改进。

企业应深入了解用户推荐或不推荐产品的原因，积极采取多种措施，尽量增加推荐者、减少批评者，从而赢得企业的良性增长。

客户满意度是结果，其过程指标来源于四点：质量、成本、交期、服务，即日本企业常说的 QCDS。用企业的库存管理水平来衡量供应链运营的质量，相当于对人的体重的监控，体重超标反映的是不良的生活习惯。供应链的质量、成本、交期、服务上的问题，很快就会反映到库存这个指标上。

三、供应链绩效考核的原则

关于供应链绩效考核，企业应遵循三个原则。

（1）成对考核，综合平衡。本书第一章提到了四项指标的平衡，即高质量才是低成本，低库存才能快交付。供应链绩效管理的实质在于平衡质量与成本、交付与库存这两对看似矛盾实则统一的指标。这意味着在考核时，必须同时考核成对的指标，如果只考核单一指标，势必会牺牲对应的平衡指标。例如，如果只考核采购部的降本，那么采购部很有可能通过牺牲质量指标，找质量差价格低的供应商来完成自己的 KPI；如果只考核采购部准时交付率，采购部很有可能会通过多买、牺牲库存来达成考核指标。

（2）以终为始，客户导向。选择供应商时，如何设计质量与成本指标的权重？质量到底是占 40% 还是占 50%？这类问题常在内训时被学员问起。问题的背后，是企业各职能部门在争夺供应商选择的决定权。如果只站在企业角度，你会发现这个问题是无解的，但如果站在供应链管理的角度，以终为始，客户导向，答案却是非常清晰的——核心客户如何选择我们，我们就怎么选择供应商；客户如何评价我们，我们就如何评价供应商。如果客户选择我们时，权重分配为：质量50%、成本30%、交期20%，那么我们选择与评价供应商时，也得按照质量50%、成本30%、交期20%的权重分配。只有这样选出的供应商才符合我们供应链的要求，才能让客户满意。

（3）统筹全局，避免零和博弈。供应链强调系统思维，设定供应链绩效指标的范围，也应从全局考虑，避免零和博弈。个别企业在推行供应链管理活动时，三观不正，总想把自己该承担的责任转移给合作伙伴，最常见的是企业降库存时，打着"供应商管理库存"的旗号，将自己的库存转嫁给供应商：供方的货到了我们的仓库，不算我们的库存，仍算供应商的，什么时候领用什么时候算我们的，有的企业还借此强收供应商的租金。这种以转移库存为目的的所谓"供应商管理库存"活动，短期看优化了企业自己的指标，但长期看没有任何成效。因为库存无论怎么转移，都存在于我们的供应链当中，存在就有库存成本，羊毛始终出在羊身上。供应链管理者必须把供应商、经销商的库存当成自己的库存来一同优化，不要在供应链之间玩转移的零和游戏，而是要供应链上下游一起努力把库存以最快的速度送到客户手中，而非送进仓库。

四、咨询工具：用平衡轮平衡供应链绩效

在咨询时，我们经常与客户团队一起使用平衡轮来对目前的供应链绩效进行全局观察和分析，并进行测量、分析与改进。平衡轮分上下两部分，上半部分为绩效指标，包括交付、库存、质量、成本；下半部分是管理过

程指标,包括战略、流程、组织架构、信息技术(见图3-7)。

使用供应链绩效平衡轮,回答以下五个问题,并在平衡轮中进行标注(见图3-8)。

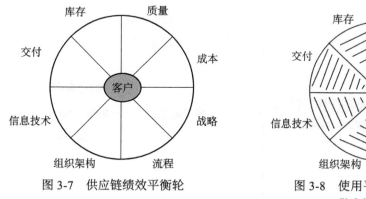

图3-7 供应链绩效平衡轮

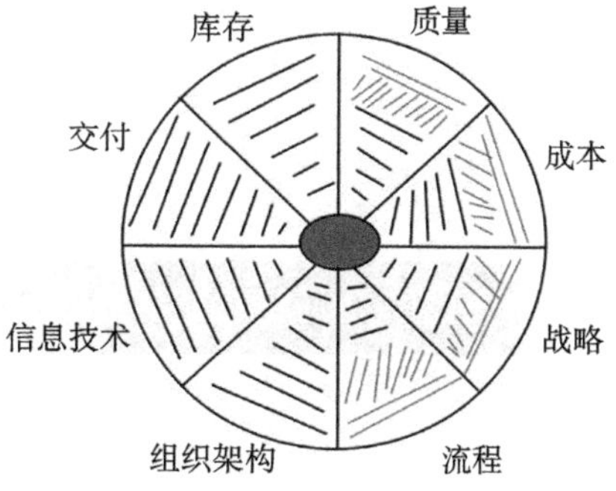

图3-8 使用平衡轮找到提升供应链绩效的路径

(1)团队对平衡轮中8项指标的评分分别是多少?最低分1分,最高分10分。(用黑色笔画出)

(2)观察平衡轮,你发现你们企业供应链的优势是什么了吗?是如何获得该优势的?

(3)要想赢,你的企业需要提升哪方面的绩效?提升到多少分?(用灰色笔画出)

(4)如何提升企业当前处于短板的方面?(措施)

(5)用一句话总结提升路径:采取_____措施,通过提升_____(过程指标)来实现_____(成果指标)。

章节导图

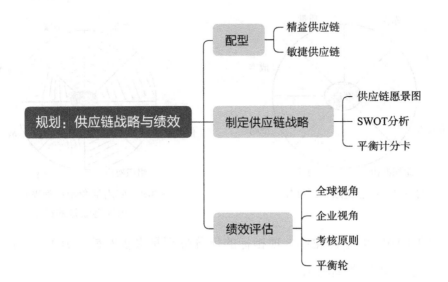

学以致用

【学】
请用自己的语言描述本章的要点：

_____

_____

_____

_____

【思】
描述自己企业的相关经验与本章的启发：

_____

_____

_____

_____

【用】
我准备如何应用？我希望看到的成果是什么？

_____

_____

_____

_____

会遇到哪些障碍?

解决障碍有哪些方法、措施、资源?

我的行动计划:

第四章 打通供应链流程与信息化

供应链是端到端的流程，流程是供应链的脉络。只有脉络通畅，人流、物流、资金流、信息流才能在这个管道中高效运转。如何设计供应链的端到端流程，使其向上承接供应链战略，向下支撑供应链绩效？本章从戴尔的流程创新讲到PPG衬衫的模仿，从凡客诚品的兴衰讲到小米的供应链隐患，深入剖析这些企业的供应链流程。通过阅读本章你将理解，企业必须基于产品类型清晰地选择精益供应链流程或者敏捷供应链流程，这两种类型的供应链设计思想及要点有很大差异。此外，供应链的流程与信息化建设要同步。流程优化与信息化固化的同步推进，是供应链管理者的重要任务。

第一节　供应链流程的探索

一、SCOR 模型是对供应链结构的静态描述

流程是供应链端到端的脉络，信息从市场来，产品到市场去，只有脉络通畅，人流、物流、资金流、信息流才能在供应链这个管道中高效运转。如何描述企业供应链流程？国际供应链协会开发的供应链运作参考（supply chain operations reference，SCOR）模型对业界影响比较大，如图 4-1 所示。

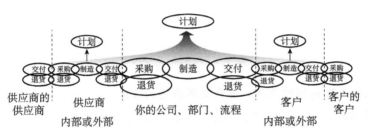

图 4-1　供应链运作参考模型

SCOR 模型从系统上把客户、你的公司、供应商之间的计划、采购、制造、交付、退货串了起来，同时也列举了计划、采购、制造、交付、退货各个模块的指标。使用 SCOR 模型，企业可以努力做到在各模块与行业最佳实践相对标，推动变革。但 SCOR 模型的缺点也显而易见：按供应链 4.0 四个阶段的划分，SCOR 是基于供应链 2.0（集成供应链）的场景，用集成的方式静态描述企业供应链的原有结构，在实践中很难真正指导供应链变革落地。对计划、采购、制造、交付、退货五个子流程如何集成，如何依靠流程产生竞争优势，SCOR 模型也没有给出确切可行的答案。SCOR 模型对标的逻辑也容易被质疑：每家企业所处行业不同、阶段不同、基因不同、面临的市场环境不同，对标真的具有适用性与可信度吗？让篮球新秀去对

标姚明，真的现实吗？会不会没学会姚明，反而把自身的优势都丢掉了。

二、溯源：供应链管理鼻祖戴尔的供应链启示

让供应链的流程为客户创造价值，创造竞争优势，供应链管理鼻祖戴尔的供应链流程设计与信息系统的集成值得研究。戴尔电脑公司通过供应链流程设计与信息系统集成，改造了传统个人电脑企业产品上市周期长、库存高、成本高诸多弊端，依靠供应链管理创新在个人电脑行业一枝独秀。

传统个人电脑企业的运作模式是先设计产品，然后生产产品、开新品发布会、代理商订购、发货给总代理商，接着总代理商发货给分销商，最后通过分销商卖给最终客户。传统个人电脑企业的供应链如图 4-2 所示。

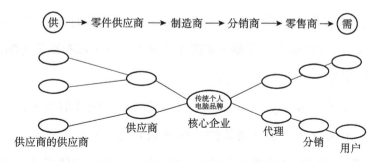

图 4-2 传统个人电脑企业的供应链

这种模式的最大问题是环节多、周期长，一台电脑从生产出来到运抵客户手中，2～3 个月周期是常态。由于电子产品更新换代快，企业每年都要对积压的库存做削价处理，而供应链环节多，每个环节都要赚钱，导致层层加价，同时生产厂家与经销商之间缺乏信任，互相不开放库存信息，因此供应链的整体库存很高。

戴尔电脑对传统个人电脑行业供应链进行了重新设计，最大的变化就是去分销商环节。分销商环节去掉后，戴尔能直接连接客户，从而变成个

人电脑行业第一家直销公司，这样做的结果是戴尔创造了与传统个人电脑企业运作逻辑完全不同的供应链，如图4-3所示。

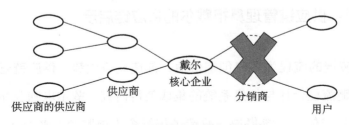

图4-3 去掉分销商的戴尔供应链

在客户价值上，去掉中间商（如批发商、分销商和零售商），把给中间商的利润分享给客户，戴尔因此而构建了第一层低成本竞争优势，吸引了更多的客户订单。在供应链计划上，传统个人电脑企业是按库存生产（make-to-stock，MTS），预测不准、库存积压是按库存生产的先天弊病，而戴尔直接连接客户，客户先下订单再生产，就变为按订单生产（make-to-order，MTO）。按订单生产使戴尔实现了零库存，没有库存积压与削价处理，戴尔又获得了第二层成本竞争优势。

在资金流上，客户下订单时即付款，没有应收账款的问题，而供应商是在30～60天之后拿到材料款的，这意味着戴尔的供应链实现了难得的正向现金流，戴尔公司账面上总有一大笔资金，没有融资成本，这一点对很多企业来说是可望而不可即的。

在信息流上，戴尔用信息化手段，打通了客户、戴尔及供应商之间的信息壁垒，信息在供应链当中能够透明共享。具体而言，戴尔的供应链信息系统＝客户关系管理系统（customer relationship management，CRM）＋企业资源计划（enterprise resource planning，ERP）＋供应商关系管理系统（supplier relationship management，SRM）。

在CRM阶段，客户通过电话、邮件、网站下单，核对订单后，通过信用卡、银行（邮政）汇款、网上银行或支付宝对订单进行支付。

在 ERP 阶段，订单确认后，进入 ERP 系统，ERP 系统定期冻结订单，合并出主生产计划，主生产计划分解出物料需求计划。

在 SRM 阶段，根据物料需求计划扣除库存，得到采购需求计划，采购需求计划同步给核心供应商，核心供应商就能看到戴尔的实时需求变化，并根据需求备货，再将零部件直接送到生产线或由第三方物流代送到生产线。

在物流阶段，戴尔会通过专人专车送货上门服务把产品送到客户手中，送货以前会通过电话跟客户再次确认送货时间。

三、PPG、凡客诚品和小米的对标学习之路

戴尔如此成功，很多企业开始对标学习戴尔。但齐白石老人曾说："学我者生，似我者死。"在对标学习的道路上，成功的企业并不多。

2006 年，一家叫 PPG 的衬衫公司高调进入人们的视线，PPG 由美籍华人李亮在上海创立，号称"用戴尔的直销模式卖男式衬衫"。之所以选择男式衬衫作为创业项目，是因为男式衬衫有旺盛的需求量，且男性客户对款式要求相对简单。在传统的衬衣销售过程中，50%～70% 的费用花在了渠道上，PPG 效仿戴尔做直销，砍掉了中间渠道，不开设任何一家线下门店，挤掉了诸多成本泡沫，不开设自己的工厂，由代工厂帮其贴牌生产。没有专卖店，没有工厂，在产能不足的年代，这类公司会被当作皮包公司，但在产能过剩的年代，这类公司被冠以轻公司的美名。PPG 品牌衬衫最低价 99 元的广告一打出，当即引发了消费者抢购的热潮，这家新公司销售井喷，开局大好！

在供应链运营上，PPG 从戴尔挖了信息技术专家搭建信息化系统。依

靠信息化系统，PPG将客户订单、代工厂、仓储、物流、采购环节打通，所有信息在这个闭环的供应链里快速流转。采用邮购目录和网络直销方式，PPG通过获取的订单数字和客户信息进一步了解了顾客需求，从而能及时调整产品品类和设计方向，PPG的布料供应商在接到生产指令后，24小时之内就能将原料直接运送到代工厂，而每家代工厂会在96小时之内批量生产，然后将成衣运送到PPG的仓库等待配送。这种方式使PPG的生产周期从传统制造企业的90天缩短到7天，"以快取胜"省下大笔库存资金和流转资金，产品成本随之降低。PPG通过创建快速反应的供应链，2007年连续3个月创造了日销售1.5万件的奇迹，一举超过日均1.3万件销量的衬衫行业老大雅戈尔。雅戈尔在服装业经营了30年，拥有两万多名员工和1500个营销网点，PPG没有自己的专卖店，没有自己的工厂，只有500多名员工，还包括300席呼叫中心的工作人员。PPG的快速反应供应链如图4-4所示。

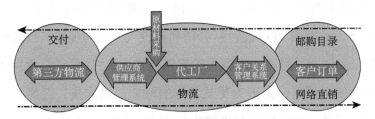

图4-4　PPG的快速反应供应链

PPG学习戴尔创造的轻公司模式，看上去如此美好。商学院宣讲其成功案例，企业家也纷纷讨论PPG的商业模式。但随着销量的增长，PPG轻公司模式隐患开始暴露。一是产品质量管理失控，PPG没有自己的工厂，而是将生产委托给江浙一带的代工厂生产，随着海量订单涌入，代工厂数量增多，代工厂质量管理开始失控。为了让客户下订单，产品宣传做了效果渲染，消费者拿到实物，与期望落差太大，投诉又得不到有效的反馈和改进，客户不满的言论在网络上蔓延，影响了后续的订单。二是 PPG 没有线下体验店，所以就必须依靠广告热度拉动销售，而各类线下广告需要大量的资金，一旦订单付款减少，PPG 疯狂的烧钱广告模式会引发现金流枯竭。三是 PPG 模式门槛太低，门槛太低实际不太适合做大规模的宣传推广，因为做广告吸引的不一定是客户，很可能是一群狼。PPG 模式被众多竞争对手模仿，最多时 30 多家同类型企业进入，报喜鸟的新品牌宝鸟挺进男装直销领域与 PPG 打起了价格战，新贵凡客诚品以更好的"棉衬衫"定位、更好的融资渠道、更精准的网络媒体广告改良：快速青出于蓝而胜于蓝。PPG 这家快而轻的公司，在遭遇供应商停供门、广告商催费门、库存促销门、李亮跑路美国门后，被大风吹走了。

　　PPG 之后，凡客诚品取而代之，一时风头无二。它师从 PPG，由陈年与雷军共同创立，凡客的供应链运营几乎是 PPG 的克隆版，但做了两大改良：一是将广告在互联网投放，转化率高；二是提出七天无条件退换货。加上凡客诚品的犀利营销，凡客诚品站在风口，起飞了。后面发生的故事很多人都已知晓，2010 年，凡客诚品估值 30 亿美元，有 1.3 万名员工、300 多个产品线，产品涉及家电、服装、数码、百货等全领域。品类的扩张失控引发供应链的失控，2015 年陈年的忏悔书中写道："凡客为了达到年销售额 100 亿元的目标，倒推需要扩张多少品类、多少 SKU，需要有多少人去承担这样的业务量。按照一个人管七个人的原则，公司就要有几十位副总、两三百位总监。那时，我自己也陶醉在这种热闹中，把所有精力都放在怎么管理这一万多人上，却不知道公司真正要管理的应该是价值。"到了 2011 年，凡客诚品有了十几亿元的债务和 20 多亿元的库存，烧光了融来的资金，第一次创业宣布失败。

　　PPG 与凡客诚品的兴衰给了雷军先生以极大启发，雷军以 PPG 的供应链模式，以低于苹果的定位，开创了一家手机公司，就是今天如日中天的小米。小米公司在营销上进行改良，以粉丝口碑营销极具性价比的产品，吸引用户网上下单。收到订单后，与PPG类似，由代工厂生产，快速交付。小米公司存在轻公司生来就有的先天隐患：产品质量问题、专利问题、被竞争对手模仿超越的问题。产品质量问题是由于生产不在自己手里，专利问题则是由于研发设计不在自己手里，被竞争对手模仿超越是由于模式门槛太低。迫不得已，小米一方面要制造新的营销话题，另一方面必然要向其他品类扩张，又要避免重蹈凡客诚品的覆辙。小米的高明之处在于其他品类扩充是以投资方式进入，成立了非常多独立的品类公司，产品销售共用一个渠道，号称生态系统，同时通过上市融资保证产品性价比的优势。雷军先生对核心供应商的高度重视，是小米供应链成功的关键。

轻公司是资源的整合者，所以前期发展速度会很快，但一旦做大，资源的管控能力跟不上，就会出大问题。很多轻公司学习了戴尔的模式与信息化系统，但并没有看到这套模式的原创者戴尔在个人电脑行业做了很多年，也并没有扩张到其他品类。戴尔公司有自己的组装工厂，并设立供应商质量工程师岗位来保证供应商的产品质量，强化与供应商的长期合作，不断对供方进行辅导提升。轻公司的发展速度会很快，站在风口，猪确实能飞起来，但在飞的过程中，有没有生长出自己的翅膀来，这是轻公司未来命运的分界点。

第二节 供应链流程设计

供应链流程设计，对外部而言是客户价值的实现系统，对内部而言是解决跨部门的协作系统。供应链流程设计，与其对标，不如从企业战略出发，进行适配与重构。企业首先要清晰自己生产的是何种类型的产品，其次要明确应适配精益供应链流程还是敏捷供应链流程。通常日常功能型产品适配精益供应链流程，精益供应链要求用"放大镜"寻找流程上的浪费，对流程持续改善；创新型产品要匹配敏捷供应链流程，敏捷供应链要用"望远镜"来寻找流程上的瓶颈，突破瓶颈从而实现绩效的大幅提升。尽管当企业发展到最高阶段时精益供应链和敏捷供应链会殊途同归，但在企业的成长阶段，流程设计还是要从精益供应链和敏捷供应链中做个选择与聚焦。

一、精益供应链流程设计

精益供应链的典型代表企业是丰田汽车，它以组装厂为供应链的核心，与精而少的供应商达成战略合作，以准时制生产形式（just in time，JIT）拉动供应商按需补货。在流程改善上，以价值流分析（VSM）作为工具，从顾客到供应商顺序跟踪产品的生产路径，仔细地画出物流和信息流的每个过程，然后对这张图进行分析，提出问题，画出其未来的状态图，以指明价值应该如何流动。使用"放大镜"不断消除整条供应链当中的浪费，并持续改善。精益供应链在很多书中都有描述，大家可以参考我的另一本著作《采购4.0：采购系统升级、降本、增效实用指南》中第五章关于东南汽车供应链流程设计的"准点供应，直送工位"的案例。

精益供应链的流程设计，是以精益为指导思想，强化供应链伙伴的全员参与、持续改善，其指导思想为精益思想的五大原则（见图4-5）。

图4-5 精益思想的五大原则

精益思想的五个原则是：

- 价值——站在客户立场上看供应链各环节的价值。不给客户增加价值的环节，就是浪费，要消除或控制。
- 价值流——包括从接单到发货过程的一切活动的价值流。
- 流动——像开放的河流一样通畅流动。
- 需求拉动——按需求生产。
- 尽善尽美——不断改进。

按照精益思想的五个原则，设计供应链流程，从而从整体上降低成本、改善质量、缩短交期。

二、精益供应链案例：21条改善

这里讲述我亲历的一个精益供应链流程改善案例。

我曾在日本企业工作了八年，最大的感受是日企几乎天天都在做改善活动。其中印象最深、最有启发的一次，是日本总部派来了一位效率专家，给包括我在内的三名部门主管做改善辅导。活动共三天。

第一天：讲改善会遇到的借口与抵抗，总部派来的效率专家让我们三人反复念"抵抗改善的12条借口"和"改善的10条基本精神"。革新与改善会遇到来自别人以及自己内心的抵抗，下面列出的是改善会遇到抵抗的12条借口与改善应保持的10条基本精神。

抵抗改善的12条借口：

（1）"这没有用。"

（2）"虽然如此，但是我们的情况不同。"

（3）"作为方案是很好的，不过……"

（4）"成本不能再降低了！"

（5）"我们平常也是这样做的！"

（6）"讨厌按别人的建议做！"

（7）"降低成本，质量就会下降。"

（8）"不是已经做得很好了吗？为什么要改？"

（9）"这样不行！我们之前就做过了！"

（10）"我们是最了解这件事的！"

（11）"最近事情太多了，很忙，没有时间……"

（12）"别人不配合怎么办？"

改善的10条基本精神：

（1）没有完美的企业，任何企业都有大量改善的空间。

（2）与其考虑说明不能做的理由，不如考虑如何做。

（3）不要找借口，先否定现状。

（4）好的立刻就做，不好的立刻停止。

（5）不要追求完美，50分也好，先做做看。

（6）发现问题当场就纠正。

（7）感到困难，才能体现智慧。

（8）追求真理——追问五次为什么后，找到改善方法！

（9）10个普通人的智慧胜过1个天才。

（10）改善无止境。

第二天：讲授如何改善。包括改善的思考方法、如何发现问题与改善机会、流程改善表的使用。

1. 改善的思考方法 ECRS（要按顺序思考）

- 能不能不做（消除）(eliminate)。

- 能不能合并（combine）。
- 能不能改变顺序，即重组（rearrange）。
- 能不能简化（simplify）。

2. 如何发现问题与改善机会

强调在办公室里是没有问题与解决方法的，所以要做到：

- 三现主义——走到工作现场，观察现物，掌握现实（时间20分钟以上，可以拍照）。
- 请其他部门同事帮助，从新人的眼里发现问题。
- 重点观察哪里有浪费、不合理、不方便。不给客户增加价值的环节即为浪费。日本企业常强调七大浪费，而中国企业还有一个最大的浪费是员工与供应商智慧的浪费，合起来为八大浪费，简记为"DOWNTIME"。
- 不良与返工（defect & rework）。
- 过量生产（over production）。
- 等待浪费（waiting）。
- 智慧浪费（not engaged wisdom）。
- 搬运浪费（transportation）。
- 库存浪费（inventory）。
- 动作浪费（motion）。
- 过度加工（excess processing）。

3. 流程改善表

应用流程改善表进行改善。逐一对流程改善表中的项目进行简单说明：现行细目是描述一个流程内的全部过程，摘要是记录距离与时间的关键细节，新想法是基于现状的一些灵感，最后思考是否可以删除、合并、重组、简化。然后做出新的流程（见表4-1）。

表4-1 流程改善表

现行细目	摘要（距离、时间）	新想法	删除	合并	重组	简化

第三天：每人要做21条改善。

到了第三天，日本效率专家说他的辅导结束了，现在三位主管每人要就自己的本职工作提出21条改善措施并实施。21条，这么多！我们当然要抵抗了！我们说很忙，他说这是改善借口的第11条；我们说"别人不配合怎么办？"他说这是改善借口的第12条。后来发现无论你说什么，都是他所列的借口之一。无法找借口了，我们三人只好开启了改善行动，最终每人都完成了自己的21条改善，改善实施后，人员减少了12人，工厂产能提高了25%，这着实让我感到惊奇。企业确实是一座改善宝库，而员工有无穷智慧，管理者如何激发员工的智慧是关键。

如果你的企业是精益型企业，也可以使用上面的方法，让每个部门提出21条改善，通过全员改善，实现公司利润、部门活力与员工能力的发展。通过这个案例你可窥见日式精益供应链的特点：强调全员参与，使用"放大镜"寻找各种浪费，持续改善。

三、敏捷供应链流程设计

与精益供应链相比，敏捷供应链流程设计更关心提升供应链效率、快速响应客户需求。为了实现这个目的，敏捷供应链将整个交付过程看作一个系统。系统内环环相扣，系统的强度取决于最弱的一环，即系统至少存在着一个约束，否则它就可能有无限的产出。因此要提高一个系统的产出，就必须要打破系统的约束。敏捷供应链流程的解决方案，目前比较成熟实用的是 TOC 瓶颈理论。TOC 瓶颈理论认为，企业最终的目标是赚钱，而赚钱有三个衡量指标：有效产出要增加，库存要下降，运营费用要下降。如何实现呢？找瓶颈。瓶颈要么在市场，要么在供应链，无论是在市场还是在供应链，都可以依照 TOC 五步法实现突破：找出瓶颈→挖尽瓶颈→迁就瓶颈→松绑瓶颈→回头再来。

创业要找到流程协作点，避免山头主义。要使供应链、销售、研发达成共识，协同一致，产生合力，企业需要找到所有部门的协作点。供应链管理中最大的挑战，是如何破解企业的不协同。企业发展到一定阶段，部门与部门之间的部门墙越来越厚，部门间的沟通越来越困难。那么如何找到企业的协同点呢？管理团队通过思考两个问题，可找到协同点。

第一个问题：如果要使收入翻一番，我们需要围绕供应链哪个环节开展工作？是供应商环节、生产线、经销商渠道，还是最终的客户？

对于这个问题，每家企业的答案都不同，有的是具有垄断性质的供应商资源，有的是企业研发部门的技术革新，有的是自身产能，有的甚至是政府给发的牌照，有的是客户。

所以，企业必须认真思考，要使收入翻番，供应链流程中的协同点是哪个环节？各职能部门从协同点出发应该做哪些改变？

第二个问题：如果收入翻一番，供应链哪个环节会拉我们的后腿？

改善哪个环节贡献的潜力最大？这个环节就是要做管理提升的关键点。深圳的一家企业在回答这个问题时，发现供应商经常供货不及时，质量问题频发，如果收入再翻一番，一定会栽在这上面。所以最终定下来供应链系统提升的关键点是采购与供应商系统，该企业把采购与供应商系统当作新年的重点提升项目。

要改善供应链流程，企业必须找到供应链中的关键点，并思考要提升关键点的什么能力。

从这两个问题中找到供应链中的两个点：协同点和关键点。抓住这两点，企业就可以实现大发展。

敏捷供应链的流程优化，要求以望远镜的方式看清全局，从客户价值的角度对流程进行重构，从而更敏捷、更高效、更柔性，构建革命性的竞争优势。以戴尔公司为例，传统制造商需要八个步骤才能把电脑送到顾客手中，而戴尔公司则把流程优化为五个步骤，如图4-6所示。

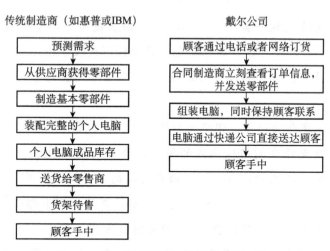

图 4-6　传统制造商与戴尔的供应链对比

敏捷流程的设计使戴尔供应链更加简单、直接、迅速；信息化系统的应用使客户、戴尔、供应商之间直接联系，实现了最佳的客户体验、更低的成本以及供应商的虚拟整合，戴尔的流动性、增长性与盈利性得到大幅提升。

敏捷供应链案例：调味品企业的收入翻番

一家调味品企业要做供应链系统改善，咨询师通过调研访谈，收集了来自各个部门的300多个问题，但哪些是真正要解决的问题？哪些问题即使解决了，也未必能产生价值？我们认为最重要的问题是为整个供应链系统找到协同点。

这家调味品企业的供应链如图4-7所示，有农户（供应商）、代工厂、分销商，有最终客户（酒店）。

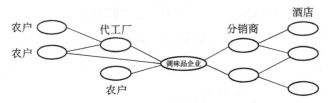

图4-7 某调味品企业的供应链

如果要使收入翻一番，我们需要围绕供应链哪个环节开展工作？各部门达成共识，是酒店（这家调味品企业的分销商代理了很多品牌，客户要什么他们提供什么，分销商没有决定权）。酒店里谁是决定下订单的关键人？是大厨。

围绕酒店这个协同点，围绕大厨这个关键人，各部门重塑了流程。

研发：改变原来闭门造车式的研发，要求研发人员下一线，到酒店厨房里跟着大厨一起工作一段时间，研究大厨的工作场景、痛点与使用习惯，听取大厨的改进建议。通过这种方式再推出的新品，几乎都成了爆品。

营销：举办"大厨联谊会"，帮助大厨打开交际面，交流心得，赢得大厨认可。在地方电视台找名店名厨代言。这样一来，大厨、酒店、调味品企业三方都得到了宣传，这是一个三方共赢的模式，示范效应极佳。

供应链：以前生产部门总想控制成本，批量生产，造成一方面库存高，另一方面市场要的产品缺货。现在生产部门找到了协同点，酒店要什么就生产什么。

质量部：以前质量部做检验，有的指标卡得过严，有的客户关心的又没有检验到，造成质量投诉很多。现在质量部发现协同点是酒店，关键人是大厨，质量部每年都会去酒店走访，根据酒店与大厨的反馈，不断优化自己的标准，并且开始做质量管控活动。

第三节　供应链信息化建设

信息化建设的目的是实现数据集成、信息共享、流程高效。信息化是手段，而非目的。企业用信息化将端到端的流程集成，有助于实现效率化、阳光化，让资源与信息共享。

然而，企业上信息化项目时，往往投入巨大，动辄百万元以上，但从效果看，90%的项目都没有达到期望的效果。企业供应链流程与信息化的现状经常是两层皮，信息部门想帮助业务部门，业务部门却从来没觉得企业的信息化系统好用过，没上之前业务还能正常，上了之后业务效率反而更低了，效果也没体现。

对中小企业来讲，在实现制度流程化、流程表格化、表格看板化之前，不建议上信息化系统。对于大型集团公司来讲，因为业务复杂，涉及的人员多，部门多，用看板实时维护可能性比较低，所以才要通盘考虑供应链信息化系统。

一、企业供应链信息化实施的步骤

如何推行企业供应链信息化建设呢？从实践角度，建议企业供应链信息化的实施开展遵循以下四个步骤。

第一步：企业供应链信息化现状及问题分析。

企业对供应链信息化建设要做全局规划，否则就会出现信息化拖业务后腿的情况。信息化无法与业务同步集成，信息化投入巨大，但无法及时助力业务，还造成了企业资源和人员的浪费。所以第一步要对企业供应链信息化现状摸底，要抓住信息化建设的关键问题。以下五个问题是这个阶段需要回答的：

- 企业现有信息化系统分布如何？
- 企业端到端的流程是什么？
- 供应链信息系统与其他信息系统集成度如何？
- 现有的功能实现程度如何？
- 现有供应链信息系统哪部分是缺失的？

这五个问题最后会集成到企业信息化现状图中，以清晰明了地说明企业信息化系统的集成关系。图 4-8 展示了某企业的信息化现状。

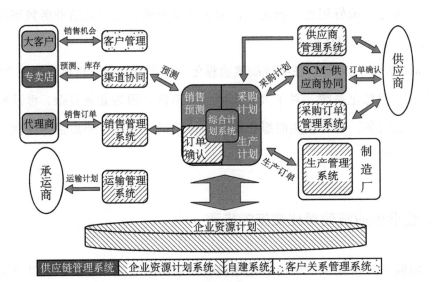

图 4-8　某企业的信息化现状

第二步：未来业务需求。

对企业供应链信息化现状进行调研后，根据未来业务的发展规划确定需求。通过访谈与调研，确定企业的战略发展规划与供应链的战略发展规划，与各职能部门的目标、计划协调，来确定供应链未来的业务发展需求与流程要求。

第三步：企业供应链信息系统全景规划。

明确了企业供应链现状及未来业务需求，就可以对企业的供应链信息化进行全景规划了。在做全景规划时，要对客户关系管理系统、企业资源计划、供应商关系管理系统进行通盘考虑，并考虑未来如何与研发系统、销售系统对接。明确整个系统中哪部分要对接原有信息化系统，哪部分需要新建，哪部分需要改造。图 4-9 展示了一个企业供应链信息系统全景规划的范例，可以供读者参考。

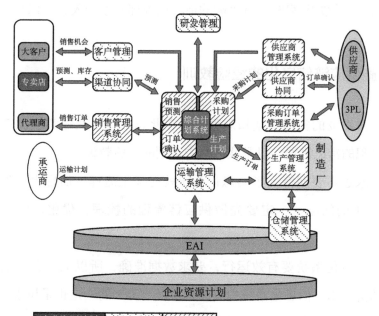

图 4-9　某企业的供应链信息系统全景规划

第四步：信息化系统建设，改造方案实施。

信息化系统的建设包括以下步骤：明确项目目标、项目风险，制订项目实施计划与预案，匹配项目资源，测试与人员培训。管理层应该通过研究同类项目，确定项目目标排序。另外，一定要配备合格的项目经理。选定技术供应商之后，管理层必须协调不同利益相关方的需求，明确项目的里程碑和推行计划，定期总结与回顾，不断改进。

对于信息化系统的建设，一个重要的决策是自制还是外包，又或者是在供方原有产品上改造。如果你做的是新行业，是之前从来没有的产品或形态，你可能要自己组建信息化人员；如果你的产品类型和供应链架构，与行业内其他产品和供应链没有太大区别，可以考虑用成熟产品；如果处于两者之间，可以在成熟供应商的产品基础上进行改造。

选择供应商时，一定要多走访几家同类型企业，考察信息技术供应商已实施的成功和失败案例。有可能的话，请外部专家介入，可以少走弯路。

二、实施供应链信息化的经验教训

基于对企业的实地访谈和观察，我在此总结了企业在实施供应链信息系统时会犯的常见错误，以及我们从中得到的经验教训。

（1）永远不要期待上了信息化系统就能优化流程。信息化建设解决不了流程优化的问题。一定要先做供应链流程的梳理、优化，再上信息化系统。

（2）信息化系统要有效运行，要求数据准确，所以上信息化系统前要做数据清洗，如果信息化系统中进的是垃圾，出来的一定也是垃圾。

（3）对于信息化系统的诸多功能，可以反复使用的只有几个，所以不要有完美主义倾向，追求每个细节的完美。但要定期对数据进行分析，要加强对操作人员的培训。

（4）流程与信息技术不应是两个部门，如果有可能，流程与信息技术部门最好合二为一，叫流程与信息化部。如果不是一个部门，供应链部门人员要跟信息化负责系统架构的人员充分沟通业务需求和逻辑关系，使其明确输入、输出、关键节点，要多花时间讨论前期蓝图。

（5）虽然信息化的实施是按组织、区域分步骤开展的，但实施信息化之前的调研范围一定要全面，不要遗漏分公司、子公司及其他职能部门。同时，在进行业务分析时不能只考虑当下与过去的需求和风险，而忽略了未来的隐性需求和风险，只考虑当下的需求和风险将导致在项目实施阶段反复修改、返工。

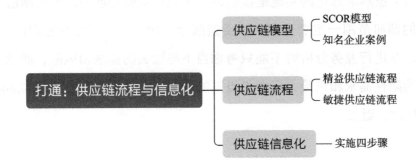

学以致用

【学】
请用自己的语言描述本章的要点：

【思】
描述自己企业的相关经验与本章的启发：

【用】
我准备如何应用？我希望看到的成果是什么？

会遇到哪些障碍？

解决障碍有哪些方法、措施、资源？

我的行动计划：

第五章 赋能
高绩效团队与专业能力

VUCA年代，竞争异常激烈，拥有一支能打硬仗、打胜仗的供应链队伍对企业至关重要！如何设计供应链组织架构，如何为供应链团队赋能，从而实现高绩效？要打造一支赋能型供应链团队，企业应从供应链组织架构设计、团队赋能、团队绩效、领导力提升几方面依次展开。专业能力提升重点介绍两条路径，一是供应链管理者的胜任力模型，二是行动学习法。最后以国内供应链变革标杆企业R公司供应链变革的实践案例，展示中国企业为团队赋能、推行供应链变革的关键过程与成果。

第一节　赋能型供应链团队

一、供应链组织架构设计

供应链的组织架构从静态看并不复杂：集成型供应链管理职能包括计划与调度、采购物料、制造产品、物流管理、客户订单交付（见图 5-1）。结合组织的规模、战略与阶段目标设计供应链职能，从而设计出供应链组织架构。图 5-2 是一家 IT 公司的供应链组织架构，这家公司的供应链管理部包括了计划与订单履行、制造工程部、制造部、采购履行部、区域供应部、质量管理部、物流部、计划业务管理部。可以看出，该企业是集成型供应链组织架构，将计划、采购、制造、物流，质量等职能集成在供应链管理部，可以在客户导向的市场竞争中提高供应链整体运营效率。

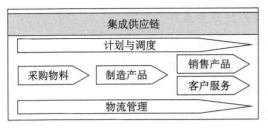

图 5-1　集成型供应链管理职能

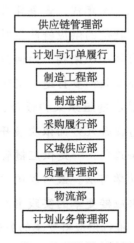

图 5-2　某 IT 公司的供应链组织架构

二、团队赋能

军队的建制是为打胜仗而设计的，企业的组织架构是为获得客户、占领市场而设计的。市场如战场,客户是企业在战场上要夺取的战旗,企业的战略规划部门是作战参谋,市场营销是指挥中心,销售是特种兵,供应链是地面作战部队,研发提供先进武器。在 VUCA 年代,供应链作为作战部队,要打胜仗,需要一支作战能力极强的铁军,而为铁军赋能就成了企业获胜的关键。

首先,要让听得见炮声的人来呼唤炮火。

我特别喜欢研究华为创始人任正非先生的讲话,任先生很会讲故事。他的讲话经常涉及对大方向的判断,包含危机意识和对现状的批判。任正非先生对组织架构一直主张"让听得见炮声的人来呼唤炮火"。他说:公司可以越来越大,管理绝不允许越来越复杂,公司的管理要逐步从中央集权式转向"让听得见炮声的人来呼唤炮火",也就是让前方组织有责、有权,后方组织负责赋能和监管。

金字塔式的管理是适应过去机械化战争的,而现代战争远程火力配置强大,是通过卫星、宽带、大数据,以及导弹群组、飞机群、航母集群来实现的。呼唤这些炮火的不再是塔顶的将军,而是靠近前线的铁三角。千里之外的炮火支援,胜过千军万马的近身厮杀。华为的铁三角,就是通过公司的平台,及时、准确、有效地完成了一系列调节。铁三角的领导,不光有攻山头的勇气,还有胸怀全局的战略。

其次,激活而非压制。

任正非深刻地批判了大企业病与官僚作风。他指出:"让听得见炮声的人来呼唤炮火,一定要大道至简,一定要分层分级授权,使管理标准化、简单化。一定要减少会议、简化考核、减少考试,不能用学生式的管理方式进行管理,更不能按考试得分确定薪酬。主要精力要集中在产粮食上,按贡献评价人。""我们在管理上,永远要以客户为中心,聚焦价值创造,不断简化管理。""我们要不断激活我们的队伍,防止'熵死'。我们绝不允许出现组织'黑洞',这个黑洞就是惰怠,不能让它吞噬了我们的光和热,吞噬了活力。"

最后，激发个人，团队合作。

在当今社会，一方面个体在觉醒，员工在价值认同、自我实现上的要求越来越高，考核、罚款等手段已逐渐失灵；另一方面科技在进步，快速多变的市场环境要求企业的组织架构能够跨越边界，以客户为中心，打破部门壁垒，高效协作，敏捷响应客户需求。这就要求企业做到为听得见炮声的人赋能、赋权、赋责，激发个体价值，让员工发挥特长，不断创新，通过团队合作，完成挑战性任务，给企业带来更多的绩效。表 5-1 将赋能型供应链组织与金字塔型供应链组织进行了对比，企业可以自我对照，有针对性地改进。

表 5-1 赋能型供应链组织与金字塔型供应链组织

赋能型供应链组织	金字塔型供应链组织
以客户为导向	以股东利益为导向
注重长期表现，有使命、有愿景	追求短期财务数字
持续不断地改善	解决问题
跨部门合作	部门之间壁垒分明
全员参与	金字塔式管理
鼓励员工创新	强调服从与执行力
不断学习	学习是无谓的、不需要的
过程管理，强化预防	结果管理，推卸责任
尊重员工：领导代替管理	控制员工：管理重于领导
凭数字和事实管理	靠直觉和经验管理

仔细阅读、比较表 5-1 中所描写的赋能型供应链和金字塔型供应链在组织上的特征，思考你所在企业的供应链属于哪一种，你的企业当下供应链组织特征偏向于哪一种？哪几项是最突出的问题？

三、团队绩效的影响因素

成功的团队各有各的成功，失败的团队却是相似的，那么塑造高绩效团队的因素有哪些呢？

吉尔伯特行为工程模型的研究表明，团队文化营造的外在环境与个人内在的知识和技能、素质、动机都对个人的绩效有影响。团队环境占了 75%，是关键因素，个人的知识和技能、素质、动机只占 25%（见图 5-3）。

团队/组织/外在（75%）：信息（35%）、资源（26%）、激励（14%）

个人/内在（25%）：知识和技能（11%）、素质（8%）、动机（6%）

图 5-3　个人绩效的影响因素

四、领导力决定团队的文化

好的团队文化创造绩效，但谁创造团队文化？答案是团队的领导。

"一头狮子带领的一群羊可以打败一只羊带领的一群狮子。"拿破仑的这句经典名言，一针见血地点出了领导力对团队发展的关键作用。提升领导力的图书与培训课程很多，4D 领导力是一套系统、科学、简洁、高效的帮助团队领导者提升领导力的工具，通过 4D 领导力方法，领导者可以根据情境调频人们的心智模式，激励人们行动，成为兼顾关注人与成就事的全面领导者。4D 系统能帮助管理者成为"团体冠军教练""交响乐团指挥"，成为掌握大格局、小细节的卓越管理者；4D 还能帮助组织形成一个高效和谐、有竞争力、能定期清理"毒素"的团队生态系统，帮助组织短时间大面积地转变认知、协同发展、产出结果。4D 系统在帮助组织产出价值和商业结果、实现健康成长和发展的同时，还能让个人不断成长，使大家的生活和谐愉悦。

4D 领导力系统是由美国宇航局（NASA）前天体物理部主任、天文物理学家查理·佩勒林博士发明的，是世界上对团队文化和领导力建设最有效的学习系统之一。4D 领导力系统实践于大名鼎鼎的美国 NASA 团队，取得了巨大的成功。接下来简单介绍 4D，更深的应用推荐阅读《4D 卓越团队》。

4D 从人的天性更偏向直觉还是知觉、更偏向情感还是逻辑两个维度，把人分为四种类型，以绿、黄、蓝、橙四种颜色来代表。

不同颜色代表不同的优秀品质，也代表着四种领导力策略，人们在工作和生活中会很自然地运用一种行为策略。绿色代表培养，黄色代表包容，蓝色代表展望，橙色代表指导。

这四种颜色也代表着人的四种天性需求，人人都需要被欣赏与感激，人人都需要有归属感，人人都需要有充满希望的未来，人人都需要具有适度回应的能力。如果这四种需求被满足，人就极具能力，如图5-4所示。

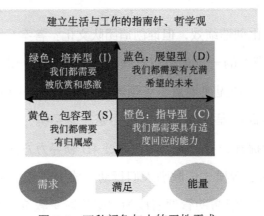

图 5-4　四种颜色与人的天性需求

为什么其他的领导力系统有时不太管用，是因为写书的作者只从一类人的需求（颜色）去展开探讨，表5-2列举了一些优秀的有关领导力的图书及其作者的颜色，你会发现作者的颜色与领导力的偏好。

表 5-2　领导力图书作者的性格颜色

书名	作者	颜色与领导力
《领导者准则》	史蒂芬·柯维	绿色：培养
《追求卓越》	汤姆·彼得斯	蓝色：展望
《团队协作的五大障碍》	帕特里克·兰西奥尼	黄色：包容
《阿提拉的领导秘密》⊖	威斯·罗伯茨	橙色：指导

领导者要发挥天性领导力，还要补齐领导力短板，为此4D把四种领导

⊖　原书名 Leadership Secrets of Attila the Hun。

力用八种行为显性化，如图 5-5 所示。

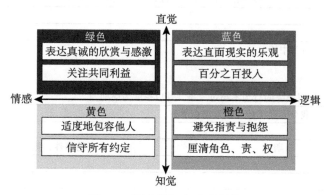

图 5-5　四种颜色与八种行为

你可以利用图 5-6 对自己的八种行为进行评分。为自己的每种行为评分，分数为 1～10 中的一个数字，1 分最低，10 分最高，评分后画在图 5-6 中。从中你可以发现自己需要提升哪些方面。

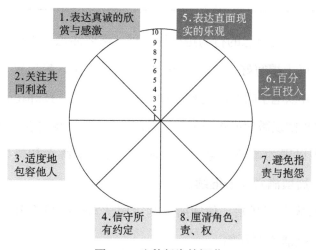

图 5-6　八种行为的评分

打完分数，了解了自己在每种行为上的表现，找到要改善的项目，可以用表 5-3 所示的表格提升自己，进行修炼。

表 5-3　八项行为操练日志

XX 的八项行为操练日志（　　月　　周）	
操练者：	
操练监督者：	
本人正在操练八项行为中的：	
1.	
2.	
（效果优先，建议同时操练的行为不超过三条，并以季度为周期。）	
关于这几项行为，我今天做了什么，请填在下方。	
操练行为 1：	
日期	今天的事件、觉察、感悟
操练行为 2：	
日期	今天的事件、觉察、感悟

在使用表 5-3 对自己的行为进行提升时，需要注意以下事项：

（1）每天晚上填写好，不要太多，两三百字即可，最迟应于次日早上 10 点前填写好，并以电子邮件形式发给操练监督者。如遇特殊情况无法填写或发邮件，可以以短信或微信形式记录并发送，并在随后方便时补上表格和邮件。

（2）本表以周为单位，每日连续填写，便于操练者和操练监督者回顾阶段成果，一周填满则换表继续。

（3）操练从当下开始，信守所有约定应从本操练日志开始，如果你没有做好准备，就请不要开始。

如果团队在项目上遇到障碍，背景转变工作表单是非常好用的工具，它能帮助团队克服困难，向前推进项目，如图 5-7 所示。使用这个工具，可以帮助团队心态由红转绿，开始关注解决方案，采取行动。其中，红色心态代表了抱怨、指责、批评他人的态度，绿色心态代表关注目标与成果、找出解决问题的方案。背景转变工作表单结合 4D 领导力方法，能有效地帮助团队更务实地推进工作。

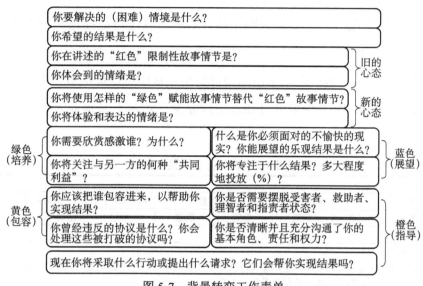

图 5-7　背景转变工作表单

4D 领导力基于人性将人分为四种类型，是简单可操作的领导力系统。4D 领导力应用于供应链团队中，在组织层面，实现了高绩效、低风险的组织背景，增强组织正能量场，显著提升客户满意度，提高员工保留率；在团队层面，激发了团队创造力与愿景驱动力，提高了团队凝聚力与执行力，增强了跨部门协作力；在个人层面，发展了个人领导力，提高管理者的自省与觉察、向内聚焦，提升了员工的责任感与敬业度，增强了幸福感与归属感。

第二节　提升供应链团队成员专业能力

关于供应链团队成员的专业能力提升，企业通常会走两条路径，一是设计胜任力模型，对照模型缺什么补什么；二是行动学习项目，在做中学。

一、使用胜任力模型提升供应链团队成员能力

胜任力是指担任某一特定的任务角色所需要具备的胜任特征的总和，即针对特定职位表现优异的那些要求结合起来的胜任特征结构。一个详细的胜任模型包括三个要素：胜任特征名称、胜任特征描述和行为指标操作性说明。下面以供应链负责人的胜任力模型为例进行说明。

表 5-4 所示的是供应链总监的岗位说明，从中可以详细看到供应链总监的任职资格。其中工作职责与基本工作要求，实际上是企业对供应链团队的整体期望。

表 5-4 供应链总监的岗位说明

一、基本资料

岗位编号		岗位名称	供应链总监	所在部门	供应链中心	
直接上级	总经理	职级	总监	层级	经营层	定员	1

二、岗位职责

（一）概述

领导公司供应链系统的工作，组织制定并实施供应链战略规划，全面负责公司生产计划、采购、供应商管理、仓储物流等体系的优化及管控工作。

（二）工作职责、基本工作要求

序号	工作职责	基本工作要求
1	建立并优化供应链体系	（1）依据公司营销计划，建立并优化采购计划、生产计划、物流计划等计划管理体系，最大限度地保证订单的及时交付。 （2）建立并优化供应商开发、供应商评审与管理等体系。 （3）组织制定并完善供应链各管理制度。
2	供应链战略管理	（1）做好供应链系统信息情报收集工作，对公司整体战略和其他系统的战略提出建设性意见和建议。 （2）依据公司战略规划，拟定出匹配度较高的供应链战略与目标。
3	提升供应链管理效率	（1）在综合评估效率与成本的前提下，建立科学合理的库存体系。 （2）建立供应商监控体系，最大限度地缩短供应商的交货期。 （3）建立对供应商下游（供应商的供应商）的评估体系，实时掌握供应商的真实成本。 （4）在确保满足公司各项目标的反应能力的前提下，使得供应链盈利能力持续提升（供应链除物料外的成本占销售收入的比例持续下降）。 （5）不断优化物流配送系统，持续降低物流费用率（物流费用占销售收入的比例）。
4	团队管理	（1）建立所属部门的考核细则，并有效运行。 （2）打造一支高绩效供应链团队。

（三）其他职责

完成总经理以及经总经理签发的各项文件、会议纪要交办的其他工作。

（续）

（四）监督及岗位关系
1. 所受监督及所施监督
（1）所受监督：接受总经理的日常监督。
（2）所施监督：对供应链系统全体成员进行工作监督。
2. 与其他部门关系
（1）内部联系：与公司各部门经常沟通。
（2）外部联系：与行业内各交流平台保持密切联系，及时了解行业动态；与供应商保持良好的沟通与联系。

三、职业通路
（一）本岗位职务晋升方向：运营副总经理。
（二）本岗位职位转换方向：无。

表5-5是供应链总监的胜任力矩阵，包括专业胜任力和通用胜任力，表中分别标注了每项能力的重要性和胜任力等级要求。

表5-5 供应链总监胜任力矩阵

胜任力类型	胜任力名称	胜任力重要性			胜任力等级要求						
		低	中	高	1	2	3	4	5	6	7
专业胜任力	战略导向能力		√					√			
	团队建设能力			√				√			
	沟通协调能力			√					√		
	创新能力		√						√		
	冲突管理能力		√							√	
	工作计划与控制能力			√				√			
	谈判能力			√				√			
	数据、信息分析能力	√					√				
通用胜任力	学习能力			√					√		
	抗压能力			√					√		
	执行力			√					√		
	成就动机			√					√		
	正直感			√					√		

二、通过行动学习提升供应链人员能力

胜任力模型用的是对标法，即认为每个岗位都有一定的任职要求，对人才要求非常全面。行动学习是另一种提升供应链人员能力的途径。行动

学习，即做中学，又名群策群力，是团队通过解决实际存在的难题实现学习与发展的模式。

行动学习的优势在于考虑了中国员工的特点（既含蓄内敛，又思维发散），在主持人的引导下，通过质疑与反思，达成个人和组织在认知、行为、心智模式方面的根本转换。行动学习通过加入研讨规则和可落地的行动计划，解决了员工不爱在正式场合发言的问题，使跨部门活动进行得有声有色。小组成员全员参与，计划落地，效果显著。销售运营计划会议、供应链与研发协同降本等，使用行动学习都会有良好的效果。

行动学习具有一般会议不具有的五大特点。

（1）研讨规则保证参与效果。行动学习通过建立研讨规则，很好地解决了中国式会议的一些问题，能够让大家全员参与，集思广益。行动学习研讨规则如下。

- 一发言：每个人都要发言，但每次只能一人发言（头脑风暴，多轮循环）。
- 二追求：追求数量、追求创意。
- 三不许：不许质疑、不许批评、不许打断。
- 四学习：视不同意见为学习机会。

（2）研讨中明确角色分工与职责（见表5-6），确保方向不偏离。在研讨过程中，小组成员有明确的分工与职责，这样做保证了会议不偏离方向与目标。

表 5-6　行动学习中的角色分工

角色	主要职责
组长	● 负责整个研讨过程和结果输出 ● 不参与研讨，要求保持中立，认真倾听和发问
时间管理员	● 协助主持人做好时间的分配和把控 ● 控制成员发言不超过1分钟 ● 参与发言
会议记录员	● 参与研讨，并及时将研讨中的观点进行记录
小组发言人	● 参与研讨，并代表本小组做最后的总结发言

（3）行动学习具有解决问题的标准步骤，行动学习五步法简洁概括了行动学习的过程（见图 5-8）。

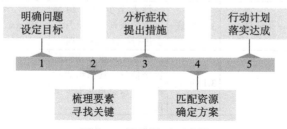

图 5-8　行动学习五步法

（4）输出可跟踪的行动计划。要做到可跟踪，行动计划中要包括关键想法、关键行动步骤、开始与完成时间、成功的标准、负责人、需要的人财物的支持。表 5-7 是某公司经过行动学习会议讨论后，输出的行动计划。

表 5-7　某公司的行动计划

关键想法	关键行动步骤	开始/完成时间	成功的标准	负责人	需要的支持（人、财、物）
美金采购	统计可以采购的物料清单	3.1/年底	按清单要求采购	王××	财务按时付款
元器件价格谈判	制订计划和目标	3.1/6.30	元器件价格整体降低 5%	张××	总裁班子参与
结构件价格谈判	制订计划和目标	3.1/6.30	结构件价格整体降低 1.5%	李××	总裁班子参与
物料替换	讨论并确定流程	3.1/年底	明确启动物料验证、替换流程，并由此节省采购成本 300 万元	赵××	研发部及制造部的大力支持
采购员专业培训	制订培训计划	3.1/6.30	采购员了解所负责物料的渠道、成本信息	孙××	暂无

（5）根据行动计划，输出能力提升计划。表 5-8 是对应表 5-7 所示行动计划的能力提升计划。

表 5-8　某公司的能力提升计划

能力提升点	针对人员（团队/个人姓名）	开始/完成时间	成功的标准	负责人	需要的支持（人、财、物）
熟悉美金采购流程及各供方的不同特点	采购员	3.1/年底	采购员能独立完成美金采购	王××	内部培训

（续）

能力提升点	针对人员（团队/个人姓名）	开始/完成时间	成功的标准	负责人	需要的支持（人、财、物）
提升谈判技巧，实战和外部培训相结合	采购员	3.1/年底	每人至少参与20家供方的谈判，每个月至少进行一次外部培训	张××	人力部，培训费支付预算1.5万元
建立与研发、制造部门的良好沟通渠道，不定期举行座谈会	团队	3.1/年底	每季汇总重点物料的价格信息，提供给研发部，座谈会总共不少于两次	赵××	研发部、制造部等部门参与，活动经费支持
采购员掌握价格、份额及供应商渠道等信息	采购员	3.1/年底	质量、成本、交期（QCD）排名并严格执行	孙××	采购员参加一次专业培训，预算经费2万元

根据能力提升计划，为供应链人员制订合适的培训与学习方式计划。边学边实施计划，有针对性地在干中学，做到个人有成长，企业有收益。

第三节　R公司的供应链组织变革

一、公司陷入内忧外患

R公司是国内领先的数据业务解决方案提供商，公司业务需求高速增长。初期，R公司采用的是"自主研发+生产"的模式，随着市场的不断拓展和细分，快速增长的产品类型需求要求供应链系统扩展外购，以战略联盟的方式引入技术合作方。后来R公司采用了自主研发、联合设计制造、原始设计制造、代工四种模式。

企业运营模式变了，但是供应链团队没有及时跟上这个变化，导致供应链内忧外患。外患主要体现在产品订单无法及时交付，成本快速上涨，交期延长。内忧主要是供应链团队忽略了长期规划，一方面是没有及时预测市场增量，导致备货不及时；另一方面是没有提前做好专业人才储备，当供应链遇到风险时，没能很好地应对。同时，供应链组织架构混乱，权责不清，人员大量流失，导致整个部门效率很低。

供应链管理部面临严峻的挑战。几任空降供应链总监都由于水土不服，变革无法推行而离职。紧急关头抽调新总监 L，原因是 L 是公司老人，熟悉公司内部运作，有较强的领导力，但 L 当时还缺乏供应链实务经验。我就是在那个时候结识了 L 总，坦白说当时对 L 总的供应链管理专业度还是有些担心的。后来的事实证明，一个被赋能的团队，是能创造奇迹的。

二、供应链团队重组

L 总上任，首先把工作重点放在了供应链团队重组和建设上。R 公司的供应链管理部开始广泛吸纳人才，通过激励机制、团队激活等方式，逐步将离职率稳定在 10% 以内。两年时间，公司营业收入增长了 169%，集成供应链部门人员从 120 余人增加到 150 人，人员仅增加 25%，供应链人均效率却得到成倍增长。

调整期间，R 公司供应链团队建设战略地图如图 5-9 所示。

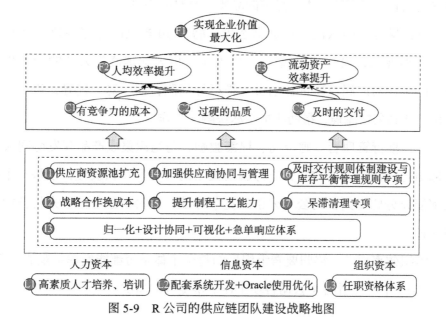

图 5-9　R 公司的供应链团队建设战略地图

几年间，L总重塑了供应链团队，激发了团队的斗志和积极性，在实战中迅速提升了队伍的凝聚力和专业素养，几年时间便打造了一支过硬的团队。这支团队正是在其倡导的"目标明确，共识路径""注重协作，拉通绩效""边界地带主动承担"的团队协作大原则之下，先后推动了四个关键阶段任务目标的达成。

三、边选边学边干，稳定局势

在经历了初期供应链人员流动率高的阵痛后，R公司的供应链中高层团队及时总结出了四个人才遴选方针，即选、用、育、留。

选：联合人力资源部进行内部优秀员工的挖掘及外部优秀人才的聘用，明确供应链管理部六大用人标准——乐于学习、善于交流、开放创新、勇于挑战、德才兼备、团队协作。

用：在各团队领导的带领下，明确战略主题，确保全员目标一致，向客户提供有竞争力的成本、过硬的品质、及时的交付。

育：供应链团队内部培训常态化，聘请50多位内外部讲师，组织70余节培训课程，累计培训超过1000人次，极大地提高了人才的专业化能力。同时针对应届及新进社招员工推行导师制，即一对一辅导，传递公司文化，熟悉公司流程，帮助新员工尽快融入工作。

留：推行管理者竞聘上岗、提案激励、跨组织集成产品开发协同人员的选用与淘汰制度等方案，充分调动员工的参与度和积极性，让每一个员工都能充分感受到公司公平公正的竞争环境，让员工愿意留下来与公司共同成长。

组织效率提升，终归要看组织里的每个个体是否都能发挥主观能动性，从图5-10中可以看出R公司各项工作效率提升的情况。

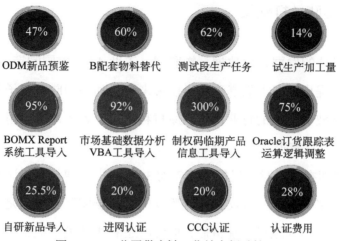

图 5-10　R 公司供应链工作效率提升情况

四、协同上下游，实现供应链变革

公司内部变革和培训进行到一定程度，能发挥的作用就比较有限了。为了突破这个瓶颈，公司决定实行"走出去，引进来"的战略。

"走出去"是指积极安排品质、采购、制程等人员，到客户、供应商现场进行学习交流，完成了十余个重点供应商的辅导项目，极大地提高了供应商的生产效率，有效缓解了品质不良与交期延迟的问题。

"引进来"是指搭建供应商、公司、客户的端到端协同，与供应商组建战略联盟，获得业界最优的价格支持，实现了供需双方的双赢，从而实现了上下游资源的有效整合。图 5-11 是 R 公司通过一年多时间的效率改进后的总体情况。

图 5-11　R 公司供应链总体效率改进

五、夯实团队，打硬仗

随着科技的发展，大数据、物联网、工业4.0、中国制造2025等新兴概念相继被提出，在人们享受着科技带来的便利的同时，电子制造行业却正在面临一波又一波的行业洗牌。原材料涨价、人才流失、用人成本居高不下等危机困扰着企业。

R公司却在这段时间里保持着年均30%以上的增长率，这源于R公司组建和培养了一支能打硬仗更能打胜仗的供应链团队。特别是在经历了金属、包材、内存等原材料涨价后，R公司还能凭借供应链整体优势，完成9%的平均降价率，凭借的正是以下几点：整合公司内外部资源，提前获取行业信息，锁定关键器件产品价格；联合研发与供应商，设计降本方案；成立品质专项小组，降低品质不良率带来的损失。R公司最终打赢了这场价格攻坚战。图5-12展示了R公司整体降本提效情况。

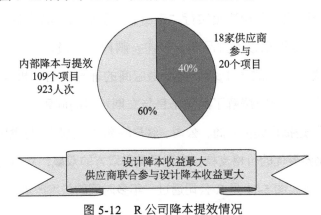

图5-12　R公司降本提效情况

六、华山论剑：与供应链伙伴协同创新

华山论剑，顾名思义就是汇聚各路豪杰，共同交流探讨。

R公司通过华山论剑项目，联合供应商，在全国设立了五个分舵，定期通过供应商论坛的方式，将供应商高层聚集在一起，共同分享市场信息和未来趋势，向外赋能，构建协同创新的供应商生态。

同时，每个季度对内组织各事业部总结行业发展情况，收集需求，对内赋能。根据需求积极安排人员参与各地展会，加入各行业联盟，第一时间获取行业动态和供应商信息。将供应商信息录入系统，方便研发查找，协助各事业部寻找适合的供应商，将以往的被动响应变为主动出击。R 公司根据此项目，将新供应商平均导入天数由原来的 60 天缩短为 30 天，助力公司提前抢占市场。

R 公司采取了三项协同，极大地提升了效率，包括与客户和供应商协同、与研发跨部门协同、与市场部门协同。

（一）与客户和供应商协同

供应链环境复杂多变，不论是 R 公司自身，还是 R 公司的客户和供应商，都有着较长的前置时间，另外客户群体的构成更决定了 R 公司的需求变化也是极大的，为了缩短各环节的前置时间，协同创新就成了 R 公司供应链管理要解决的主要问题。

在这样的条件下，R 公司用更加创新的思维和作业方式，通过供应链的赋能变革，加快产品上市的速度，深化与客户之间的协作。同时，R 公司向供应商赋能，缩短供货的前置时间，降低供应风险。这些举措增强了 R 公司的供应链管理能力，为公司的商业战略提供了助力和支持。R 公司供应链团队与供应商、客户协作的模式如图 5-13 所示。

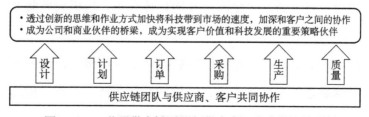

图 5-13　R 公司供应链团队与供应商、客户共同协作

在不断精进和改善供应链组织架构及流程运作的基础上，R公司强调价值采购，整合采购团队，提升采购的战略地位，制定年度策略，使每年的成本下降9%～10%。R公司还搭建了沟通平台机制，打破沟通渠道的障碍。此外，R公司还建立了协同成果激励机制，激发团队活力。同时，供应链管理部还不遗余力地推进供应商介入早期项目的开发，跨组织集成产品开发协同团队与供应商充分合作。

（二）与研发跨部门协同

R公司在涨价潮中还能保持全线产品平均9%的降价率，是如何做到的呢？让我们来看一看下面的这个案例。

R公司发现，最令人头痛的品质问题总发生在那些需求量很少的型号上，并且管理复杂度也很高，所以，供应链团队推动了持续的"物料归一化"运动，并且边做边把这场运动提炼成日常的管理规则和举措。

在R公司有一个"一颗螺丝钉"的故事。R公司有6种头形、59种尺寸、67种帽径的螺丝钉，共计199种，而199种螺丝钉就意味着至少有199种模具、199套生产流程、199个仓库库位、199套检测标准……在导入总拥有成本概念的过程中，一个小小的螺丝钉，涉及研发、采购、计划、仓库、品质共计10人参与管理，于是一场历时三年的型号缩减工程开始了。

为了更好地让设计研发参与进来，从公司层面，明确将成本缩减带来的增加利润的一部分通过奖金形式发给设计小组，这极大地激发了设计小组的积极性。

公司联合各个事业部，宣传倡导总拥有成本的概念，让公司员工了解采购成本不单单是首次采购成本，还包括后续物流、管理、检测等一系列费用，虽然螺丝钉改造涉及整个产品构造的变化，但是还是得到了全员的积极参与和大力支持。

设计部门也没有急于求成,而是循序渐进,先从影响最小的表面处理工艺入手进行归一化变更,再到头形、帽径,最后是螺丝长度,都进行了归一化,先实现了相同直径、表面镀层的归一,又用了两年时间实现了头形、帽径甚至长度的归一。

初步结案后,从 199 种螺丝中优选 61 种、可选 37 种组成螺丝库(见图 5-14),形成了公司层面的标准件库与管理规则。螺丝种类从 199 种减少到 98 种,缩减了近 50%,而对应的管理参与人员也减少了 5 人,用人效率提高了 50%。与此同时,因为数量的集中,单品采购单价减少了 10%,品质不良比例降低了 40%,最终总拥有成本降低了 30%。

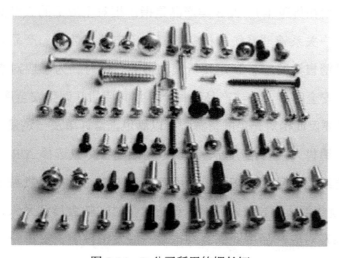

图 5-14　R 公司所用的螺丝钉

这一步的成功,关键是供应链团队有效激活了研发设计部门的参与,让他们成为此次降本项目的生力军,从设计源头出发,从根源降本。

(三)与市场部门协同

在当代企业中,销售往往扮演着冲锋陷阵的角色,可令人遗憾的是,企业中经常会发生销售攻下客户后却发现供应链无法按时供货，最终与订单失之交臂的情况。供应链人员也很委屈，因为他们经常遇到备货后又取消订单，形成大量呆滞库存的情况。最终，很多企业的销售与供应链水火不容。R公司在这方面又是怎么做的呢？

起初R公司也遇到了上述的困难，后来，供应链团队经过深入分析以及大量的数据论证，经过和市场团队的反复探讨，最终达成共识，形成了方案：针对双方都关心的备料问题，R公司供应链制定了《产品分类规则及运作机制》，根据产品的历史销量、产品规划、市场策略等，结合材料交期对产品进行分类，并定期进行更新。R公司将产品分为A～E五类。

（1）A/B类产品（根据销售趋势抖动阈值区分A类和B类，设置不同的安全库存和补货逻辑）。A/B类产品是指占相对主流量的大产品。企业供应链参考客户关系管理系统的报备数据、历史销售数据、产品规划、公司目标、产品销售策略等，制定要货滚动预测。同时，为了应对需求波动和急单，常备安全库存，并与产品线每个月共同评估并调整安全库存的设置。A/B类产品要保证相对充足的货源，可以满足正常订单及一定量的急单要货需求。同时销售人员日常引导、建议市场端配置尽量选择A/B类产品。当市场订单连续超出月度承诺下单，或者出现未提前报备要货需求的大项目（单品需求量也很大）导致紧急需求要货过多时，就会货源紧张，这时候供应链管理部及对应产品事业部会向市场一线发出预警，安排补货期间应优先满足项目报备及时、准确率较高的销售部门和人员对应的项目。

（2）C类产品。C类产品属于销售量少且波动性较大的产品。对于C类产品，应参考历史销售数据、产品规划、产品销售策略等，采用"常备安全库存＋大项目需求"的备货方式。安全库存只满足常规、零散的需求。大项目按单备货，一旦项目方案需要配置C类产品，销售、产品计划专员、产品线就会被触发，各环节共同沟通备货周期，并决策是否备货，一旦决议启动，后端的各环节都将共同加快推进并且定期通报项目进度，有任何变化都会第一时间触发备货进度，调整甚至取消，将呆滞风险降到最低。

（3）D/E 类产品。D/E 类产品指为特定行业、客户专供的产品。D 类产品按项目需求备货，不准备安全库存。E 类产品指新品、停产、预停产产品，这类产品的特点是要么是新品，要么是受控销售的产品。对于 D/E 类产品，梳理并明确前后端的信息同步与配合原则，精细定义备料启动、生产启动的原则以及补货规则，另外要详细说明出现库存后的处理方案，牵动所有协同单位的联动。

当然还有其他一些举措、细节规则、标准的出台和持续优化（见图 5-15），过程中，供应链团队和市场团队密切互动，共同跟进管理，逐渐形成了良好的配合氛围与责任共担的信任度。

图 5-15　供应链部门与市场部协作的举措

七、团队文化建设

R 公司推行了 4D 领导力，采用集测评、工作坊和教练于一体的整体解决方案，迅速并持续有效地提升团队整体及成员个人的绩效。此外，R 公司建立 4D 沟通模式，匹配团队成员，用 4D 的方法来管理团队和商务运营，然后自然地把团队打造成平衡的 4D 团队。

除了 4D 系统，R 公司供应链团队还重点推行了以下五项特色配套活动，来进行团队文化建设，激发团队活力，促进整个队伍的团结协作。

（1）全面实行人力资源合作伙伴（human resource business partner，HRBP）机制。HRBP 机制是人力资源管理的进化，这个机制让 HR 从被动响应部门需求，转变为主动配合部门工作，不仅是当下的工作，还要具有前瞻性。HRBP 就像部队的政委一样，需要配合供应链部门管理者做好团队管理和组织绩效提升，要全面参与供应链的团建等活动，充分理解供应链人才需求。HRBP 除了推行人才政策体系和制度规范落实之外，还要协助培养和发展业务单元各级干部的能力。针对供应链的特殊战略要求，HRBP 提供独特的解决方案，将人力资源和其自身的价值真正内嵌到各业务单元的价值模块中。

（2）成立运营委员会。R 公司由供应链内部员工自主成立运营委员会，全面负责供应链文娱宣传活动。运营委员会的成立不单单是为了组织活动，更多体现了员工主动参与、无私奉献的精神。运营委员会使员工在休闲娱乐的同时，提升了协作能力。此外，联合几大产品线一起参与的运动会、集成开发产品团队的季度述职安排、联合供应商的改善评审会和足球赛等，在 R 公司，这样的大型活动都在持续开展。

（3）创建浓厚的家文化。企业竞争具体表现为产品的竞争，产品的竞争背后则是企业文化的较量。只有员工充满活力地工作，企业才能享受到激烈竞争带来的利润，获得可持续发展的核心能力。而要寻找这种活力，企业必须要坚守企业内部伦理，努力营造出"家"的氛围。R 公司通过运动会、生日会、月底冲量加油等活动，创造浓厚的家文化，让每一位成员体会到公司以及团队成员的关爱，提升团队凝聚力。

（4）培育成长的土壤。企业的发展是内外因共同起作用的结果。外因是企业要充分利用外部环境所给予的各种机会和条件，抓住时机；内因则是企业必须不断对员工进行培养，才能让他们跟上时代，适应技术及经济发展的需要。R 公司通过调查培训需求、规划年度培训、组织培训活动满足员工成长需求。

（5）完善人才激励机制。企业越来越趋向于以员工为中心设计激励体系，重视员工激励的核心，强调激励的本质是双赢，激励的目的是调动员工工作的积极性、激发其主动性和创造性，以提高组织的效率。R 公司通过协作之星、效率之星、质量之星等评选与奖励机制，激发团队创新、协作，挖掘潜能。

我与 R 公司近距离接触，与努力拼搏的供应链团队在一起时，切身感受到这几年来他们每年都可以"用一年的时间达成普通公司三年的进度"，他们自身专业性和眼界的快速成长令人佩服。在供应链创新这条大路上，中国企业正走出自己的特色，展现自己的优势。未来的供应链创新，世界要看中国。

章节导图

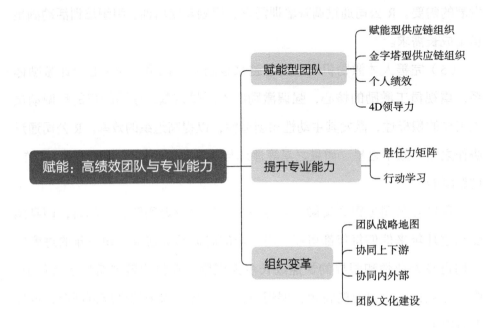

学以致用

【学】
请用自己的语言描述本章的要点:

【思】
描述自己企业的相关经验与本章的启发:

【用】
我准备如何应用？我希望看到的成果是什么？

会遇到哪些障碍?

解决障碍有哪些方法、措施、资源?

我的行动计划:

第六章 柔性：快响应与低库存绩效改进实践

对外快速响应需求，对内维系高周转、低库存，这体现了供应链的柔性。柔性供应链系统实现的关键点在于代表客户需求的销售与供应链系统之间的密切协作。但现实是，很多企业的销售部门与供应链管理部门更像一对互相憎恶但又无法离开对方的伴侣：供应链部门总是在抱怨销售的预测从来就没准过，而销售则回击说供应链给客户的交期从来就没准过。在充满不确定的年代，柔性供应链系统的打造至关重要，本章分析了供应链交付与库存的关系，跨部门解决供应链交付与库存同步优化的六大策略及方法，并通过一个实例，为企业建立快速响应和低库存的柔性供应链提供思路和指导。

第一节　供应链交付差与高库存并存

供应链交付的全流程，可以用多年以前在网上广为流传的一个段子来说明。

一天中午，丈夫在外给家里打电话："亲爱的老婆，晚上我想带几个同事回家吃饭可以吗？"（订货意向）

妻子："当然可以，来几个人？几点来？想吃什么菜？"

丈夫："六个人，我们七点左右回来，准备些白葡萄酒，菜就做烤鸭、番茄炒蛋、凉菜、蛋花汤，甜点准备些莲蓉馅的冰皮月饼，你看可以吗？"（商务沟通）

妻子："稍等，我先看看。"（检查物料）

妻子记下需要做的菜单（物料需求计划），具体要准备的原料：鸭、酒、番茄、鸡蛋、油（物料清单），发现需要1只鸭子、5瓶酒、4个番茄（物料清单展开），炒蛋需要6个鸡蛋、蛋花汤需要4个鸡蛋（共用物料）。

妻子打开冰箱及食品柜，首先检查原材料是否够用，发现冰箱里还有上次聚会剩下的半只鸡、豆沙馅料，于是打电话给先生。

妻子："烤鸭可以改为烤鸡吗？还有家里有豆沙馅，做豆沙月饼行不行？"

先生："可能不行，我同事说要吃烤鸭，喜欢你做的莲蓉馅的月饼。"

妻子："没问题，我会准备好的。"（订单确认，但是库存原材料无法使用，面临着报废危险）

妻子：接着检查其他原材料，发现只剩下2个鸡蛋。（缺料）

妻子来到自由市场："请问鸡蛋怎么卖？"（采购询价）

小贩："1个1元，半打5元，1打9.5元。"

妻子："我只需要8个，但这次买1打。"（经济批量采购）

妻子："这有一个坏的，换一个。"（验收、退料、换料）

回到家中，妻子准备洗菜、切菜、炒菜……（工艺流程）

厨房中有燃气灶、微波炉、电饭煲……（工作中心）

妻子发现拔鸭毛最费时间。（瓶颈工序，关键工艺流程）

用微波炉自己做烤鸭可能就来不及。（产能不足）

于是决定在楼下的餐厅里买现成的。（产品委外）

下午4点，电话铃又响："妈妈，晚上几个同学想来家里吃饭，你帮我准备一下。"（紧急订单）

"好的，儿子，你们想吃什么，爸爸晚上也有客人，你愿意和他们一起吃吗？"

"菜你看着办吧，但一定要有番茄炒鸡蛋。我们不和大人一起吃，6:30左右回来。"（不能并单处理）

"好的，肯定让你们满意。"（订单确认）

鸡蛋又不够了，打电话叫小贩送来。（紧急采购）

6:30，一切准备就绪。可烤鸭还没送来，急忙打电话询问："我是李太太，订的烤鸭怎么还没送来？"（采购委外单跟催）

"不好意思，送货的人已经走了，可能是堵车吧，马上就会到的。"

门铃响了，送烤鸭的快递员："李太太，这是您要的烤鸭。请在单子上签字。"（验收、入库、转应付账款）

6:45，女儿的电话："妈妈，我想现在带几个朋友回家吃饭可以吗？"（又是紧急订购意向，要求现货）

"不行呀，女儿，今天妈妈已经需要准备两桌饭了，时间实在是来不及，真的非常抱歉，下次早点说，一定给你们准备好。"（这就是企业资源计划的使用局限，要有稳定的外部环境，要有一个起码的提前期）

送走了所有客人，疲惫的妻子对丈夫说："亲爱的，现在咱们家请客的频率非常高，要买些厨房用品了（设备采购），最好能再雇个保姆。"（连人力资源系统也有接口了）

丈夫："家里你做主，需要什么你就去办吧。"（通过审核）

妻子："还有，最近家里花销太大，一些东西过期了，需要重新购买，用你的私房钱来补贴一下，好吗？"（最后就是应收货款的催要）

女儿回到家中不太高兴,因为女儿吹了牛说要让同学们尝尝妈妈的好手艺(销售承诺),由于妈妈没有帮忙,最后同学们去星巴克吃了晚饭(潜在客户流失)。妻子要与女儿开个会,讨论一下未来女儿(销售)的需求与妈妈(供应链)之间的沟通与协作流程(销售运营计划)。

如果把家庭企业化,家庭里也有一堆交付问题。这些问题之所以能圆满解决,往往是因为家庭里有亲情,家庭成员互相体谅、互相支持。而妈妈则是家庭中最伟大的供应链经理,极少抱怨,默默奉献,对家庭成员的无私支持与付出赢得了全体成员的尊重。但即使这样,也仍无法保证所有成员的需求都能满足。相较之下,企业所处的经营环境更为复杂多变,无法按时交付导致客户流失是企业面临的常见损失,很多企业都面临着以下挑战。

- 外部市场:产品短命、客户挑剔、竞争加剧、需求多变、计划不准,外部环境的变化对企业跨部门协作的能力、跨企业协调的能力提出了更高的要求。
- 企业内部:销售与供应链脱节,业务需求无法及时、准确、全面地传递给供应链,供应链出现问题无法准确回馈给业务源头,造成销售在客户处极为被动。
- 供应商:计划频繁变化,产期紧,质量要求高,还要年年降本,这导致企业与供方关系日益恶化,配合不力,经常"掉链子"。

解决供应链交付与库存问题,企业接受以下规律而非抱怨更利于寻找真正的解决方案。

- 无须抱怨预测不准,只需做好预案。客户需求多变、预测不准在VUCA年代成为常态。需求以后会越来越多变,预测会越来越不准,无须抱怨。既然预测不准是常态，供应链管理完全按销售预测做计划本身就是错的，供应链部门必须要做销售预测不准的预案。

- 交付与库存的绩效，取决于销售部门与供应链部门的协同。加强销售部门与供应链部门之间的沟通，建立销售部门与供应链部门的信息共享，梳理并优化销售部门与供应链部门的流程，明确销售部门与供应链部门客户需求确定与交付的策略，是提升交付与库存绩效的关键。

- 销售与供应链部门要强化综合预测与短期预测。通常短期预测比长期预测要准，就是说，周预测比月预测要准，综合预测往往比分解预测更准。企业要强化综合预测与短期预测，并持续滚动。

- 交付问题常常暴露在采购与供应商环节，但病因未必在上游。供应链有一个专有名词，叫牛鞭效应，指沿着供应链需求的变异被放大。信息流从最终客户端向原始供应商端传递时，信息很难做到准确的同步共享，而是会逐级放大，等到了供应商端，需求信息已经被放大了几倍甚至十几倍。很像赶牛的鞭子，执鞭人稍微晃动，鞭子末端就会剧烈波动。由于牛鞭效应的存在，供应链上的交付问题、质量问题等最终都会在供应链上游供应商环节暴露，但问题原因不一定在采购环节，单纯整改采购属于头痛医头、脚痛医脚，未必会收到效果。要寻求问题的真正原因，做出系统性的改善。

一则小故事形象地说明了变异的牛鞭效应。

某将领要视察部队，通知视察时间是早晨5点。凌晨1点，就听军营中吹起床号，一问才知道，原来师部告诉团部4点半起床，团部告诉营部3点，营部告诉连部2点……最后是半夜1点就吹起床号，士兵在操场上站了大半夜。

第二节　供应链交付与库存同步优化

供应链中交付与库存通常是同时恶化或同时优化的。交付越好的企业，库存周转越快；交付越差的企业，积压库存就越多。当然企业应根据产品生命周期、近期的市场战略，或偏重于交付或偏重于库存控制。比如，为了扩大市场份额，会选择交付优先，那么库存压力相对会比较大，到了年底，由于海外供应商过圣诞节、各大港口爆仓，加上年底库存考核，这时的交付压力就比较大。

企业的根本目标是赚钱，不光是现在赚钱，未来也要赚钱。为了实现赚钱这个目标，有三个指标可以作为抓手：

（1）有效产出是否增加，只有把货交给客户并拿回现金才叫有效产出。

（2）库存是否下降，为了应对不确定性，需要备些库存。但是无论如何要减少成品库存，不建议为成品库存不断扩建仓库。

（3）运营费用是否下降，只要能变成有效产出，运营费用就值得花；如果不能，就要砍掉这部分运营费用。

之前参加供应链课程的福临门世家就很好地运用了这三个指标，不仅拉通了产品、销售、供应链三者的协同，还在疫情下逆势增长。

如何解决交付与库存的问题？我在此总结了六种方法。

一、销售与供应链之间的信任、沟通、信息共享

交付不好，销售和供应链之间会更加缺乏信任，导致各部门为自身安全考虑，销售可能会贪污客户给的交期，生产会保守地报生产周期。我在为一家企业做供应链咨询时，调研中发现这家企业交付不好的原因居然是各个部门层层贪污交期：销售之前因为不按时交付被客户责骂，客户30天要货，销售怕再次挨骂，报给计划的时间是25天，贪污5天；而计划则告

诉生产 22 天要生产完，贪污 3 天；生产提前为 20 天做生产排程，贪污 2 天；生产告诉采购 15 天物料要到，贪污 5 天；采购告诉供应商 14 天就要交物料，贪污 1 天。供应商加班赶货，加急快递，物料到了却没人领，成品生产完放在仓库里睡觉。再问销售，销售就解释客户订单延期了。这就造成企业一方面成品库存积压，另一方面真正急的客户订单无法安排生产，进一步造成更多的订单延期，销售更加不肯告诉供应链真实交期，要多给自己留几天，先抢了资源再说。这家企业就这样陷入了恶性循环中。

销售与供应链之间的信任、沟通、信息共享是做好交付与库存管控的前提。

二、正确的考核设计

如何考核交付与库存？准时交货率与库存周转率是最重要的两个指标。请注意，如果在你的企业准时交货率是用下面的公式来计算的，建议升级。

$$准时交货率 = \frac{期间准时交付的订单数}{期间总的需要交付的订单数} \times 100\%$$

这种计算方法的缺点是不区分订单金额，也没有考虑订单延误的天数。一张订单金额是 100 万元，另一张订单金额是 100 元，两张订单都没有准时交货，从准时交货率上看不出这两者的差异，晚 1 天交货和晚 10 天交货，从上述公式计算的准时交货率上，也看不出差异。

所以建议将准时交货率指标改为不准时交货损失，计算公式如下：

$$不准时交货损失 = \sum 延误订单有效产出金额 \times 延误天数$$

把延误订单的有效产出金额乘以延误的天数再加总，就得到了不准时交货损失，其中：

$$有效产出金额 = 客户付给我们的货款 - 我们要付给供应商的货款$$

同样道理，如果你的企业计算库存周转率采用的是如下公式：

$$库存周转率 = \frac{销售的物料成本}{财务期平均库存}$$

建议升级这种计算方式。因为用这个公式计算的库存周转率无法看出实际损失金额。采用以下公式能解决这个问题。

$$库存积压损失 = \sum 存货金额 \times 天数$$

以损失来衡量交付与库存水平,这样就建立起用金钱来衡量的供应链交付与库存考核指标,这对企业来说更具有指引与反馈作用。

在考核上,两个指标同等重要,都是关键。对一个部门必须同时考核不准时交货损失与库存积压损失,必须同时考核销售部门与供应链部门。通过同时考核两个指标达到平衡,跨部门沟通也会更顺畅。

三、用指标树工具对交付能力进行量化、优化

要对交付能力进行量化与优化,指标树是一个很好的工具,通过指标树将交付绩效量化分析,针对性优化,可以大幅度提升企业的交付能力。下面通过一个实际案例对指标树的应用进行说明。

某企业在市场上有客户订单,但无法按时交付,迫切需要提升接单能力。通过现场调研,对接单能力的现状进行了量化分析。该企业目前月接单能力是 40 万台,月接单能力又可分解为四种关键能力:新品响应能力、产销平衡能力、库存运营能力、质量分析能力。对这四种能力的关键指标进行量化,再向下具体分解,就得到接单能力现状指标树,如图 6-1 所示。

交付能力如何改善?要通过对料件数据准确率、产品数据模式匹配度、物料清单数据准确率、销售预测准确率、外协库存数据及时性几个底层指标的改善,实现新品响应能力、产销平衡能力、库存运营能力、质量分析能力四个一级指标的优化,使接单能力从每月 40 万台增长到每月 83 万台,实现产能翻番。改善后的关键指标如图 6-2 所示。

第六章 柔性：快响应与低库存绩效改进实践

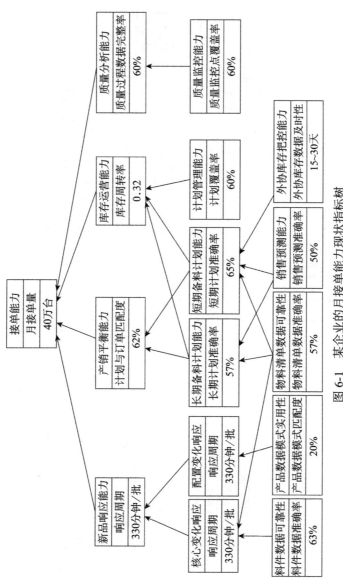

图 6-1 某企业的月接单能力现状指标树

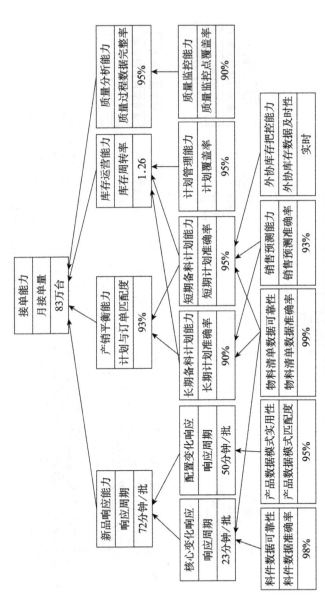

图 6-2 某企业改善后的月接单能力指标树

观察指标树中的各个指标，分析其中的关键能力，明确路径中的关键瓶颈（见图6-3），确定可行有效的方案，这样就找到了有效提升企业交付能力的路径。

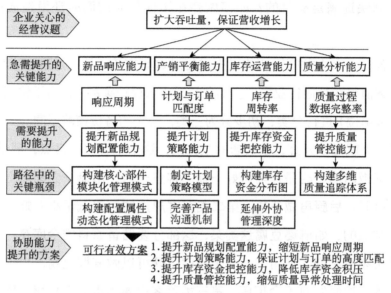

图 6-3　指标树中的瓶颈分析

四、销售预测不准情况下的交付策略与库存策略

很多人问，我们公司销售预测不准怎么办？走访了很多优秀企业，一问销售预测准确率，60%就算很高了，也就是说按销售预测备货，估计会有40%库存积压。对照自己，下个月在哪里，给哪家企业上课，上几天课，这些我几乎都没预测对过，而是通过现实的邀约才确定的。也没人能准确预测明年的今天是晴还是阴，温度是多少。既然我们自己都不太相信预测，那么大胆问一句，在不确定的时代，企业一直在追求预测的准确性，是不是方向错了？

有没有企业完全不预测客户需求，也能及时交付？其实有的，如餐饮业，一家饭店老板，从来没从客户那里要来过预测：您明天来不来？来的话点什么菜？方便我提前给你备料。饭店的客户几乎都在一个时间点到达，各个订单都很急，都威胁说如果上菜太慢就不要了。如此不确定，饭店是怎么做到快速满足交付的？如何做到在柔性供应的同时还没造成库存积压呢？

我曾对一个小龙虾饭店的老板进行过调研交流（其实是边吃边聊），其解决方案值得在其他行业推广。小龙虾饭店老板把菜品（相当于快消品行业的库存量单位）进行分类，初步分为三类，每类的备货策略不同。

第一类就是小龙虾，是饭店的主打菜，这个菜客户经常点，销量稳定。对这个菜饭店的策略是提前做好一盆，客户一点，用盘子立刻端上来，当一盆不够时，后厨再做补货。第二类菜客户点的频率低于小龙虾，但相对也是经常点的，如麻婆豆腐这类菜，这部分要储备原料安全库存，但前提是原料必须是标准、通用的：一个豆腐，既可以做麻婆豆腐，也可以做鱼头豆腐汤，这样原料不会积压。第三类菜客户偶尔点，无规律，比如偶尔有客户会点大龙虾，这时饭店怎么做？如果做出成品，卖不出去损失会很大，备原料库存又容易造成积压，金额还比较高，最好的方式是有订单再生产、再采购，但要提前找好供应源。这样只要客户点大龙虾，饭店就会问清楚客户："您想要多大的大龙虾？"客户描述完尺寸、重量，老板打电话让大龙虾经销点送货。当然，大龙虾是最后上桌的。

很多企业的产品供货模式，都可以借鉴小龙虾饭店的做法，采用三种模式。第一种模式叫按库存生产，指在接到客户订单之前预先生产产品作为库存，以应对可能的销售。优点是交付快，客户不需要等，缺点是企业要承担比较高的库存成本。第二种模式是按可得性生产，即市场消耗多少按缓冲补多少。第三种模式是按订单生产，指接到客户订单后再开始生产（采购）的一种运作模式。企业不应该只采用一种模式，而是应该根据总成本进行平衡，综合搭配。总的原则是：客户要就有，且库存要控制在科学合理的范围内。

表 6-1 总结了按产品类型区分的三种交付和库存策略模式。

表 6-1　按产品类型区分的交付和库存策略

品类	特点	交付策略	库存策略
A 类（小龙虾）	客户频繁下单，主打菜，必点菜	按库存生产	设定成品安全库存
B 类（麻婆豆腐）	客户点的概率比较高	按可得性生产	设定原料安全库存
C 类（大龙虾）	偶尔点，无规律	按订单生产	找好原料供应源或找代工外协

无论是按库存生产，还是按可得性生产、按订单生产，企业销售都要加强对客户的引导。饭店主要是通过菜单设计来引导客户点哪些品类的菜，通过菜单设计，引导客户点主打菜小龙虾（必点菜）。另外还有一个有趣的规律：生意好的饭店大都主打专业特色菜，菜单设计比较简约，库存量单位较少。生意不好的饭店，菜单都很厚，客户点什么，都有可能没有，即便有也做得不精或菜品不新鲜。供应链管理也是一样的道理：少即是多，库存单位越少，响应速度就越快，库存就越低。

五、使用销售运营计划及看板

（一）销售运营计划

交付与库存绩效是跨部门协作的结果。如果企业部门间缺乏共识，信息共享不充分，缺乏有效的协作机制，那么可以使用销售运营计划、看板两个工具。这两个工具对提升跨部门协作能力非常有用。

销售运营计划是面向未来，在战略决策层级达成共识的一个大计划系统。销售运营计划与产销协调会的关系是：销售运营计划是产销协调会的依据，产销协调会是销售运营计划的展开。

要有效实施销售运营计划，关键在于以下几方面。

- 高层必须认可销售运营计划，其他部门积极配合。
- 参与销售运营计划会议的人员（特别是销售团队人员）必须有话语权、决策权。
- 开销售运营计划会议前，工厂必须对内部产能有清楚的认知，有充分的数据，销售必须有最新的客户预测。
- 对于需求持续波动的客户和时间段，需求计划或者销售运营计划会议组织者必须定期跟踪，销售需要提供合理的解释。

下面是一家企业关于销售运营计划决策会的规定。

×× 公司关于销售运营计划决策会的规定

（1）每周三组织召开公司销售运营计划决策会。

- 解决产销协调会无法解决的问题。
- 制定或修改制度、流程、政策等方面的管理文件。
- 解决近期需要解决的问题。
- 观察分析问题解决后的稳定性、固化程度。

会议流程：数据展示，上周安排的工作回顾，齐套分析，质量报告，改进活动（两周一次），下一阶段工作安排，本周绩效衡量（两周一次）。

（2）涉及重大投资的，经督导小组会议讨论后报董事会决定。

（二）看板

在交付系统上，最怕供应链前后不能呼应，彼此看不到对方的状态，所以信息的共享和透明就至关重要。要做到信息共享，需要完成这样三个步骤：制度流程化、流程表格化、表格看板化。也就是说要先梳理公司关于交付的管理制度,把管理制度变成做事的步骤,把做事的步骤用表格固化,部门之间共享一份表格,大家互相能看到进展,这就形成了看板。销售业务与供应链之间可以做成销售订单供应链交付缓冲看板,利用看板,两者可以实现信息共享,从而销售的需求可以及时、准确、全面地传递给供应链,供应链出现问题时可以准确回馈给对应的销售源头。同时,为了高效交付,应确定交付订单的优先顺序,即先干什么,后干什么,这对正确使用供应链系统的产能至关重要。

表 6-2 是一家公司的销售订单供应链交付缓冲看板,与传统生产计划排程表不同的是,它加入了缓冲与颜色,实现目视化,可以让整个系统中的人员一眼就看出优先级。

表 6-2　某公司的销售订单—供应链交付缓冲看板

日期	2022-03-18							
客户单号	生产单号	产品名称	回复交期	计划投料	实际投料	缓冲侵蚀(%)	颜色	缓冲大小(天)
10124563850	10120402	A1	2022-03-18	2022-03-08	2022-01-05	100.00	黑色	10
10124563851	11020040	A2	2022-03-19	2022-03-11	2022-02-28	87.50	红色	8
10124563852	11020041	A3	2022-03-19	2022-03-13	2022-02-13	87.50	红色	8
10124563853	11020042	A4	2022-03-21	2022-03-12	2022-02-26	62.50	黄色	8
10124563854	11020043	A5	2022-03-22	2022-03-13	—	60.00	黄色	10
10124563855	11020044	A6	2022-03-23	2022-03-14	—	50.00	黄色	10
10124563856	11020044	A7	2022-03-24	2022-03-16	—	25.00	绿色	8
10124563857	11020044	A8	2022-03-25	2022-03-17	—	12.50	绿色	8

表 6-2 所示的看板中,比较难理解的是缓冲的概念与设定。缓冲是为了确保供应链的顺畅,防止系统的有效产出遭受干扰或中断,给系统带来损害,所以必须要给予一定的保护与系统的配合,确保订单能及时到达瓶颈资源,确保准时出货。举个例子,老板要你做一份报告,你一个小时就能做完(加工时间),但你告诉老板,三天后给他。这三天,是你为意外情况、突发事件或获取数据需要的时间而给自己预留的一个安全保护时间。

缓冲分为库存缓冲和时间缓冲，这份看板使用的是时间缓冲。生产前置期和加工时间、准备时间、时间缓冲之间的关系可以用以下公式来表示：

$$生产前置期 = 加工时间 + 准备时间 + 时间缓冲$$

企业在设定缓冲时，会依据所生产的产品类型以及内外部不确定性程度、复杂程度、客户接受程度，预先进行规定。

缓冲大小设定好后，将缓冲分为四类，用四种颜色来做目视化：1/3 以内的缓冲侵蚀，用绿色标注；1/3～2/3 的缓冲侵蚀，用黄色标注；2/3 以上的缓冲侵蚀，用红色标注；如果缓冲侵蚀超过 100%，则用黑色标注。

比如，A4 产品，回复客户交期是 3 月 21 日，当前时间为 3 月 18 日，缓冲时间 8 天，距交期还剩 3 天，已消耗完缓冲 5 天，缓冲侵蚀 5/8=62.5%，处于 1/3～2/3，标注为黄色。

按紧急程度，由高到低的优先级依次是黑色→红色→黄色→绿色，实际生产中按照这样的优先级来确定订单投产顺序。

某电力配套部件生产企业，之前准交率只有 63% 左右，董事长亲自推动了缓冲看板系统，三个多月后准交率提到了 99.7%。使用看板管理后，董事长得以从日常事务中解放出来，半年去一次公司就行了。

以下是该公司按颜色对订单优先次序进行管理的具体办法。

1. 订单管理

1.1 各生产单位均按黑红黄绿优先次序上料、上模、准备或作业。任何必要的优先次序调整，均须生产物料控制（production material control, PMC）部门修改缓冲报表，各生产单位方可执行新次序。

1.2 若仍有黑单本工序未开始，不得开始红、黄、绿工单。

1.3 若仍有红单本工序未开始，不得开始黄、绿工单。

1.4 若仍有黄单本工序未开始，不得开始绿色的工单。

1.5 若有更急颜色的单到来，等待加工，须停下正在加工的不急颜色的单，转换至加工有更急颜色的单。

1.6 同一颜色的单，由生产负责人根据市场部提供的每周紧急出货产品明细指定优先次序，若无指定则由各岗位按照缓冲报表的缓冲侵蚀顺序逐一生产，原则上同一交货批次工单或当天能完工的工单优先安排生产。

1.7 上一级颜色的单因故不能继续生产，不得自行开始下一级颜色的单，须及时上报生产主管处理。

1.8 PMC每天上班前将当天的缓冲报表打印并张贴在公告栏，各工序负责人根据缓冲报表状态更新本工序工单颜色。如遇到临时插单或缓冲颜色更改，PMC也需要及时更新并知会生产主管，生产主管通知相关工序负责人并同步更新。

1.9 PMC负责每天更新各工单状态并录入系统，各工序负责人每天依据当天的系统缓冲报表，根据物料区的缓冲颜色调整放置区的在制品并更新在制品的工单颜色。

2. 缓冲会议

2.1 每周一、三、五组织和召开缓冲会议，相关人员参加。对变黑或变红的工单，或可能延误交期的订单，进行跟进或安排。各相关责任人按会议决定采取跟进行动。

2.2 PMC每天更新各工单的"齐料"状态，PMC每天白班下班前更新一天的状态，第二天缓冲会议前更新前一天夜班各工单的"当前状态""允许投料"。

2.3 PMC与计划部每天依据缓冲报表录入红、黑单原因，相关责任部门采取改进措施。

六、库存积压、周转不灵怎么办

企业的库存就像人的体重。减重，要做的第一件事是测量体重，对体重指标进行监控。因此企业要降低库存必须先进行库存摸底，构建库存资金分布图，全面把控库存资金分布状况。企业的库存从形态上分为产成品、半成品和原材料；从分布状况又可分为仓库库存、车间在制、采购在途、已备计划、采购计划；从库存呆滞的风险来看，又分为计划达成、潜在呆滞风险。表6-3是一份库存资金分布表的样表，使用库存资金分布表，我们可以快速地对库存进行统计分析。其中的饼图直观反映了资源总量、计划达成、呆滞库存中产成品、半成品、原材料分别占多大比例。

表6-3 库存资金分布表

制表日期：20××年×月××日　　　　　　　　　　　　　　　单位：万元

库存形态	分布项目	分布状况					
		仓库库存	车间在制	采购在途	已备计划	采购计划	合计
产成品	资源总量	162	363	0	0	0	525
	计划达成	167	349	0	0	0	516
	潜呆风险	5	14	0	0	0	19
半成品	资源总量	446	794	0	0	0	1 240
	计划达成	435	745	0	0	0	1 180
	潜呆风险	11	49	0	0	0	60
原材料	资源总量	2 289	0	1 701 131	6 032		1 715 764
	计划达成	2 267	0	1 701 003	6 012	6 312	1 715 591
	潜呆风险	22	0	128	20	0	170
合计	资源总量	2 897	1 157	1 701 131	6 032	6 312	1 717 529
	计划达成	2 859	1 094	1 701 003	6 012	6 312	1 717 280
	潜呆风险	38	63	128	20	0	249

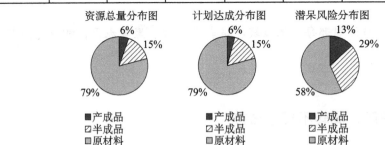

在库存管理层面，可以推行三色库存管理，用颜色管理库存，公司全员可以看清楚各种库存状态。

三色可视化管理是以齐套为目标，把物料库存当作缓冲，按紧急程度分为红、黄、绿三种颜色，依据红色→黄色→绿色的优先级来确定订货的轻重缓急。举个例子，一个物料库存状态为黄色，一个物料库存状态为红色，红色物料当下更紧急，应优先保证。

操作方法很简单，就是将库存品类分为三种状态，其中1/3以内的侵蚀，用绿色标注；1/3~2/3的侵蚀，用黄色标注；2/3以上的侵蚀，用红色标注，如图6-4所示。如果欠货，则用黑色表示。

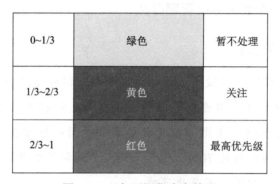

图6-4 三色可视化库存管理

处于红色状态的物料表示当下最紧急，要优先解决，黄色代表需要关注，绿色是可以暂时不管的物料。这种库存管理方式一目了然，可以清晰地从中看出物料补货的轻重缓急。如果系统里或库里物料状态一直是绿色，表示安全库存定高了，要向下调，如果经常出现红色或黑色，说明安全库存定低了，要上调。几次调整之后，安全库存会刚刚好。这种方法的好处是不需要复杂计算，管理人员就可以很快地发现异常。

及时有效处理呆滞物料已成为企业降低运营成本的必要手段，呆滞物料占用了公司资金、库房，消耗管理资源，所以定期处理非常必要。呆滞物料产生的原因无外乎以下几种：

- 客户的订单取消或变更，导致物料积压。

- 供应商多生产多发货。
- 技术人员通知物料紧急变更。

针对各种情况，先找责任方，然后根据金额大小，建立项目委员会进行处理。处理呆滞物料，事后追究责任已无价值，更重要的是要查找真正的原因，采取预防手段，改进供应链系统流程。关于呆滞物料处理，国内某大型化工集团公司的管理办法很实用，很有借鉴意义。

某大型化工集团的呆滞物料管理办法

1. 跨公司物料消耗

- 集团及其控股、参股子公司的呆滞物料应做到信息公开，库存共享。
- 公司全资子公司间进行呆滞物料调拨时，调拨价格应不低于同期市场价格的50%，集团与控股或参股公司间的呆滞物料调拨价格不低于同期市场价格的70%。低于上述价格的调拨需要经过特殊审批。
- 非呆滞物料的调拨不属此范畴。

2. 供应商回购

采购部在实施新的物料采购计划时，对于主要通用物料，应在订购合同或框架协议中加入相应回购条款。回购条款可参照如下方式。至项目结束后或本期框架到期后的18个月（以时间先到为准），买方剩余的物料，卖方有义务进行回购处理，但要满足如下条件：

- 余料质量完好。
- 质量文件齐全，具备可追溯性。
- 依据买方出具的待回购物料清单，金额不超过框架期内供货总量的10%。
- 回购价格不低于回购日市场价格的70%。
- 对于超出金额总量10%的部分，卖方亦有义务协助回购处理，回购价格另行协商。

3. 直接消耗

直接消耗是指在公司有新的物料需求时，使用部门优先从呆滞库存中寻找可用物料进行提报，采购部从系统中扣除提报的数量。

呆滞物料的库存应在整个集团内做到信息共享，由采购仓储管理人员定期将库存信息发送至公司公共平台或潜在需求部门，需求部门也可自行在系统中查询实时信息。

对于公司新建工程或技术改造项目，在前期设计阶段时，项目部、设计管理部应主动将呆滞库存信息提供给设计院。项目部、设计管理部有义务推动设计院优先在呆滞库存中选择可用材料用于设计。

4. 代用消耗

代用消耗主要是指利用呆滞库存中同类可替代物料来满足项目或生产需求。

- 物料的代用应根据物料特点、使用环境、材质、压力等级、结构型号等要求进行可替代性评估，原则上为高代低用或同级别代用。
- 物料代用应获得需求部门、设计院或相关领域专家的认可。
- 对于系统中已经产生的采购需求，采购人员在处理时应优先从呆滞库存中寻找可代用物料，形成代用方案并填写代用申请单进行审批。
- 需求部门对采购部提出的代用申请应积极配合推动或协调设计院进行评估确认，原则上在接到代用申请后三个工作日内予以回复确认，如认可代用方案则应同步在系统中发起预留变更。

5. 报废处理

对于符合以下条件之一的呆滞物料，可以申请报废处理：

- 转入公共库存超过一年，且明确认定无后续需求，亦无改制价值。
- 超过有效使用期限。
- 物料性能已经丧失，无利用价值。

- 产品更新换代后淘汰的物料。
- 其他处理方式均无法采取时。

总结：

- 以高度集成的企业信息系统为平台。
- 以战略采购方式降低库存为手段。
- 以多方管控的需求管理为源头。
- 以多渠道消耗呆滞物料库存为终点。

最后，提示一下，有些企业大量库存积压是因为仓库太大了。企业要做强库存管理，做小库房面积。无论企业建了多大的仓库，到最后都是不够用的，库房都会被堆满。所以供应链高层一定要严格限制库房，甚至今天就订个计划，将库房面积减半。相信我，不让货物进自家的库房，大家才会思考怎么快速地把货物送到客户手里。

第三节 W 电子公司的交付改进实践

一、W 电子公司背景介绍

W 电子公司创建于 2002 年，专业致力于高端薄膜电容器的研发和生产。经过十多年的不懈努力，公司现已发展为业界居于领先地位的薄膜电容器专业制造商，为照明、家电、通信、汽车电子、工业控制、绿色能源等各类整机客户提供薄膜电容器一站式解决方案。目前公司有员工 300 人，年产值 1.2 亿元，使用金蝶 K3 信息化系统。

经过前期对质量、成本、交期与库存数据的分析，以及与管理层团队进行平衡轮访谈，我把供应链绩效改善的目标聚焦在交付提升与库存下降上。

二、访谈与调研

在对 W 公司各部门负责人进行调研和访谈后，我发现主要问题聚焦在以下几方面。

（1）销售反馈很多客户订单延期，承诺给客户的货，不能准时交付，客户新下订单，PMC 不能及时回复客户准确交期。

（2）PMC 抱怨销售部发过来的订单交期一律都是 7 天，所以根本无法做出合理排程。

（3）生产部门提出要再招人、加设备，因为目前产能不够。

（4）仓库刚买了三层货架，相当于面积扩大了三倍，但仍反映场地已经不够用。

（5）老总已同意再购买 10 台设备，同时让人力资源部再招人。

交不上货是安全库存设定有问题吗？让财务部从系统调出库存报表，我惊奇地发现，W 公司一个月的销售额在 7000 万支，库存却高达 1 亿支。你没有看错！1 亿支库存。

一方面交不出来货，另一方面库存又高得惊人。W 公司真的像各部门说的，交不出货是缺人、缺设备、缺产能、缺仓库存储吗？

W 公司不缺产能，因为如果缺产能，一定不会有这么多的库存。如此多的库存只说明一个问题：这些产能被用来生产了客户根本不需要的东西，客户要的货因产能被挤占而延期。既然不缺产能，那么新购设备、再招工人这两项计划就不需要了，于是我向管理层做了通报说明，停止新购设备与扩招新员工的计划。

如果产能不是交付的主要问题，那么问题出在哪里？在日企工作八年，我养成了一个习惯，凡遇到问题，必须三现主义（到现场、拿到现物、掌握现实），不到现场就没有发言权。到了企业供应链中枢指挥系统——PMC 部门,我与PMC人员一起工作了半天,旁观者清,发现了一些端倪。

W公司共有两位PMC人员,一位负责计划,一位负责物料。多年与计划员打交道使我对计划员有了脸谱化认知:计划员大多消瘦,表情严肃,脸色灰暗,易怒。原因也很简单,PMC工作费脑又烦心。

简单来说,计划员的工作流程包括:

(1)不断刷新金蝶系统,新的数量不等的来自销售部的需求订单跳出。

(2)打开订单,看订货型号,再打开库存数据,检查该型号是否有足够存货。如果有,直接回复可交。

(3)如果没有,计划员要复制该型号给物料员,让物料员通过该型号物料清单,查核物料是否齐备。如果齐备,计划员查看机台负载,把订单分配到机台上。

(4)但如果物料员回复缺料,就会变得更为复杂,还要等采购确认到货时间,然后才能把订单分配到机台。

计划员在处理订单时,微信频闪,销售部业务助理通知某客户要调整,另一位业务助理则询问某个订单交期。一位计划员在做单的同时还要应对销售部门的八个业务助理。

与计划员访谈发现,销售部门业务助理下的订单有两种,一种叫标准订单,是客户下单给销售的,销售把它转成标准订单并标记为XDS。还有一种叫备货订单,是销售人员对客户的需求进行预测,要求生产提前备货的,标记为XDB。标准订单与备货订单同时来时,计划员会优先处理标准订单,而当机台有空闲时,再分配备货订单。但销售人员发来的标准订单交期都标注7天要货,计划员看不出订单在紧急程度上有何差异,所以计划员按照先进先出的顺序对订单进行排产。生产部门在接到计划员的排产单时,机台还有订单在处理,要等处理完成后才按生产计划指令投产,生产部门又经常发生诸如设备故障这样的意外,订单就会顺延,所以何时能生产出来是不确定的。对于生产完的订单，生产部门也不是即时反馈给计划员，计划员就无法回复市场部门的订单交付问询。我终于理解，为什么市场部门反馈生产部门不能及时回复订单准时交付的日期了。

三、对销售部门的研究

从调研中我得到一个重要信息：备货订单是销售员根据客户的项目进度预判得到的一个备货计划，并不是来自客户的预测。销售员把备货订单下给 PMC 时，经常发现 PMC 优先做标准订单，备货订单经常不给及时排产。万一客户要货时交不上怎么办，出于担心，销售人员在发现备货订单未及时排产时，通常会把之前下过的备货订单再以标准订单的形式下一遍，让计划员优先处理。一个重要的发现：销售部门会把订单重复下给 PMC，而 PMC 会将这些重复订单都排到生产线上，这直接造成了库存成品翻倍，同时产能被浪费，客户真正需求的订单延期。

因为 PMC 部门几乎所有的订单都会延期，所以即使客户有明确的比较长时间的交付期，销售员也要与计划员再确认准确的交付时间，才能回复给客户。既然有明确客户交期的订单也还要经计划调整，销售员就认为准确交期已经没有了意义，干脆直接都写 7 天，这直接造成了有些急单生产延期，而离交期很远的订单又被生产了出来，造成了库存积压。

这个问题不是一个高级错误，销售和运营部门之间由于缺乏有效沟通和信任，都做了对自己部门最有利的举措，但这种部门自保的举措，又使供应链系统陷入交付不良、库存积压的双重混乱。

四、成立解决交付与库存的工作小组

经公司领导批准，由我亲自点将，W 公司成立了解决交付与库存项目

的工作小组，小组人员包括业务两人、采购一人、计划一人、生产两人、仓库一人、信息化一人。

五、描绘端到端的全过程流程

交付与库存小组经过讨论后，画出了端到端的订单处理流程，在流程中发现了以下问题：

（1）客户下订单给销售，但销售往往并不会一直守在电脑旁，所以销售确认订单会有时间损耗，销售人员如果出差，这个订单就不会在当天得到响应。销售再转给业务助理，业务助理把它录入 ERP，这个过程平均需要 0.5～1 天。

（2）业务助理与计划员进行沟通，计划员查询库存情况，物料员查询物料情况，都有等待时间，计划员排订单时看不到生产部门的实时生产状况，下订单时只能大概预估，计划员打出生产流转单，第二天 10 点左右交给生产部，浪费约 1 天时间。

（3）正常生产需要 3 天，但考虑种种意外，预估需要 7 天。

（4）生产完成，每天下午五点将货入库，浪费 0.5 天，而此时销售人员已经下班。

（5）第二天销售查询系统，看到有货，通知物流，浪费 1 晚。

（6）物流不是立即拉货（每天 2 次，浪费 0.5 天）。

可以看出，企业从订单到交付的全过程有很多时间上的浪费，团队通过讨论认为将交付周期从原来的 11 天压缩到 6 天，减少 5 天是完全有可能的。

六、参观仓库

为了让大家更有直观感觉，我带着交付与库存小组的成员走访了仓库，场景如图 6-5 所示。

图 6-5　W 公司仓库

走访完，我收集了大家对参观仓库的反馈：

- 真没想到我们公司有这么多库存。
- 有些货几个月未出，大家都没注意到。
- 仓库已经堆满了货，整理、整顿工作要及时进行。
- 仓库的可视化很重要。

七、目标设定，群策群力

通过讨论，大家设定了以下目标：减少 50% 库存，将订单周期从 11 天减少到 6 天。为了制订具体行动方案，交付与库存小组用群策群力的方法进行讨论，最后共收集了 42 条对策。

按照图 6-6 所示的价值矩阵对其进行分类，可以更清楚地分析这些对策，从而更易实践。

通过价值矩阵的分析，W 公司列出了五个优先事项，如表 6-4 所示。

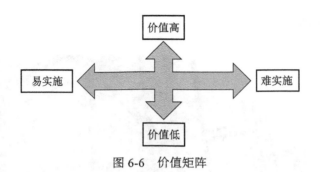

图 6-6 价值矩阵

表 6-4 优先事项

序号	事项	负责人	起止时间
1	增加 PMC 岗位人员		
2	清理已下的备货订单和标准订单，避免生产部门将客户并不需要的订单投入生产		
3	开备货计划会，确定公司哪些产品走备货计划，建立备货规则、范围		
4	每月开库存分析会、产销协调会，每周开排产会议		
5	制定跨部门信息共享的看板文件		

此外，公司还做出以下两项决议：

第一，由销售部门负责人担任交付与库存小组的组长，其他部门作为组员高效协同。之所以由销售部门担任组长，是因为销售是客户需求信息的源头。

第二，将成品库房面积压缩一半，以后也不再新增加库房及库房设施。仓库要划分区域与流动路线，并对库龄进行预警。

到这里，W 公司总经理才长长舒了一口气，露出了久违的笑容。这其实只是解决交期与库存问题的第一步，后续还要使用指标树、销售运营计划、销售与供应链缓冲看板、交付与库存策略、库存缓冲看板等工具对交付与库存进行持续优化。快响应与低库存，也就是供应链系统的柔性，是企业应对市场竞争的有力武器，这是一条持续改善之路。

第六章 柔性：快响应与低库存绩效改进实践 157

章节导图

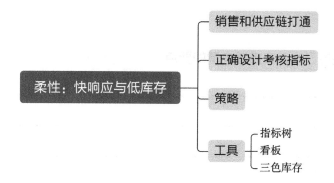

学以致用

【学】
请用自己的语言描述本章的要点：

【思】
描述自己企业的相关经验与本章的启发：

【用】
我准备如何应用？我希望看到的成果是什么？

会遇到哪些障碍？

解决障碍有哪些方法、措施、资源？

我的行动计划：

第七章 健壮
高质量与低成本绩效改进实践

一些企业供应链质量与成本绩效一直在原地踏步。所谓的绩效改善实际上是顾此失彼，自欺欺人地走形式。年年做所谓的降本，就是压迫供方降价，如果供方不降，就找更便宜的供方代替，引发一系列的质量问题后，再花大成本去做质量改善。一旦质量稳定了，又好了伤疤忘了疼，再去降本。高质量、低成本的绩效关乎供应链的健壮与竞争优势，跳出形式主义乱圈，进入持续改善的正循环，对企业的价值不言而喻。本章以咨询角度告诉你，供应链质量与成本绩效改善的关键，不在于压迫外部伙伴降价，而在于如何激活企业内部研发与供应链的跨部门协同。很多标杆企业都实现了高质量与低成本绩效双提升。

第一节　供应链全生命周期质量与成本

一、供应链质量与成本的哲学关系

在争夺客户的竞争当中，供应链仅有高效、灵活的响应还不够，有的客户更关心性价比，即质量要高，成本要低。供应链可持续的高质量与低成本改进系统，体现了竞争的耐力，我们称之为健壮。有的企业缺乏成本改进能力，在投标中发现竞争对手报价比自己的低不少；有的企业缺乏质量管控能力，拿到了订单，供货中几起质量异常事件就让订单利润化为乌有，甚至亏损。

企业做不好质量，做不好成本管控，问题不在于企业不重视质量和成本。到目前为止，我没有发现一家企业是不重视质量和成本的，有的企业甚至已经重视过头了。核心问题是很多企业包括高层在内有一个错误认知——认为质量和成本是对立的，要获得高质量必然付出高成本。一旦有这样的认知，企业就会在质量提升与成本降低上顾此失彼，左右摇摆：降本时不考虑质量，提升质量时不顾及成本，即一个绩效指标的达成是以牺牲另一个指标为代价的，这样就错失了供应链的成长机会。所以，在供应链健壮性绩效改进当中，第一个要解决的问题是纠正对质量与成本之间关系的哲学认知。

供应链当中质量与成本的哲学关系是什么？供应链中高质量才是低成本。

如同企业招聘，优秀的人才薪资可能高，但给企业创造的价值更大，而不称职的人可能薪资低，但给企业带来的损失更大。供应链绩效当中的质量与成本，与企业招聘类似，高质量有可能采购价格高，但总拥有成本（total cost of ownership，TCO）往往低；低成本前期付出的少，但由于质量问题频发，企业所付出的总成本反而高昂。永远记住：客户买一件商品，就付钱那一刻关心价格，剩下的所有时间，都在关心质量。

某个物料的供应链总拥有成本可以用以下的数学公式来解释：

总拥有成本 = 采购价格 + 质量成本 + 订购成本 + 物流成本（包装/运输/装卸）+ 库存成本 + 其他成本

你会发现，采购价格只是总拥有成本的一部分，此外还包括质量成本、订购成本、物流成本（包装/运输/装卸）、库存成本和其他成本。其中质量成本最容易被忽视，而事后付出的代价最大，也就是我们常说的占小便宜吃大亏。

质量成本包括为了保证质量而投入的预防成本、鉴定成本，还包括质量问题给企业带来的损失，包括内部失败成本及外部失败成本。供应链的质量问题，让有些企业付出了金钱的损失，有些却付出了整个企业的生命，其中不乏知名企业。对此，企业的高层一定要高度重视。

2007年，美泰的供应商广东佛山利达玩具因供方在网上采购了20千克不合格色粉，导致产品重金属含量超标。产品出口美国后被检出重金属含量超标，美国媒体大肆宣传中国的玩具是"毒玩具"，美国当年停止了中国所有玩具的进口。利达玩具工厂关门，几千名员工失业，被员工称为好老板的张树鸿先生在仓库上吊自杀。

2008年，三鹿奶粉因收购的原奶中含三聚氰胺，企业缺乏有效管控措施，使问题奶粉流入市场，给广大消费者带来巨大伤害。包括董事长田文华在内的数名企业高管受到法律制裁，产销量连续15年排名全国第一的三鹿奶粉就此破产倒闭。受此牵连，大量中国消费者在全球抢购国外品牌奶粉，许多奶粉品牌针对中国消费者实行限购。中国香港海关关于超带奶粉是违法行为的宣传标语，是中国乳制品企业供应链管理者的耻辱，而中国奶粉企业供应链要耗费数十年才能重建消费者信任。

供应链的质量管理，让一些世界知名老牌企业也付出了沉重代价。2010年，产销量全球第一的车企丰田因为"刹车门"事件，宣布全球召回

910 余万辆汽车，丰田遭受经济与品牌双重损失，成就了竞争对手欧美车企近年的高速增长。

从质量与成本关系的分析中，你可以看到你的企业在真降本还是伪降本？

伪降本的企业，总喜欢将供应商的价格降下来，或者总在找更便宜但绩效不好的供应商，忽视企业在后期鉴定甄别、返工返修、客户投诉索赔要投入的巨大人力物力，与优秀供应商之间的合作关系也每况愈下。企业在供应链管理上要做有价值的事，不做好做但无效的事。

在供应链中，一次把事情做对，提升质量管理能力，减少退货与客户投诉处理的一系列成本，增加客户的满意度，增加客户的转介绍，才是最佳的降本策略。

想一想，你的企业在寻找供应商时，是以下两种情况中的哪一种？

A：先找质量满足条件的供方，再通过与其建立战略合作实现成本的降低。

B：先向供方询价，如果价格合适，再看其质量是否可以满足条件。

二、质量提升与降本的最佳实践：物料归一化

高质量与低成本，鱼与熊掌如何兼得？答案是推行物料归一化，其关键在于供应链与研发技术的有效配合。

在为企业做供应链降本咨询的过程中，我和我的团队开发了 30 多种供应链降本工具，但如果只推荐一种，那就是物料归一化。物料归一化既能提升质量，又能降低成本；既能降低库存，又能提高可交付性。物料归一化在提升供应链绩效上潜力巨大，但可惜的是很多企业因为跨部门合作能力缺失，一直未能发掘这部分金矿。

物料归一化对提质降本之所以有效，主要是因为很多企业的产品研发无规则的"创新"导致物料规格繁多。注意，创新是加引号的，很多公司

有产品研发，但没有研发管理：研发内部缺乏信息共享，研发人员为了显示自己的与众不同，宁可自创，也不采用别人的方案。还有的企业因为有一个极其错误的考核导向：对研发人员的绩效考核以新出设计图纸数作为绩效考核依据，研发人员每接到新项目，就会在老图纸上改一笔，千万别小看这一笔，ERP里产生了一个新料号，要重新与供应商询价、重新开模、验证样品。这种"创新"不仅不会给客户创造价值，还会增加供应链的复杂度，造成巨大的浪费。这类无节制的"创新"，在发展越是迅猛的企业越严重。有的企业里连螺丝这类标准件也会有多种型号，长度多一点就是一个新规格。有的甚至还是非标准产品，但一年的用量就那么百来个，还美其名曰"多品种小批量"。这正是导致价格高、质量难以保证、供方不愿做、交期难以保证的罪魁祸首之一。

物料归一化可以分为四个层级：标准化、通用化、模块化、信息化。

标准化是指将物料清单里品类繁多但不能给客户带来额外价值的物料规格进行整合。

通用化是指品类无法整合，但可以将接口统一。比如，手机充电器厂家希望产品体现个性化，这时可以把手机充电器接口统一，其他部分保持个性化设计，如果能实现，大家出差就不用带充电器了，通用但保留个性化。

模块化则是指将零部件预先组合成模块，像搭积木一样，客户的订单就可以实现快速搭积木式的组装。

信息化是最关键的一步，它是指给标准化、通用化、模块化建立数据库，建立物料重复使用指标，当研发人员在做新品开发时，不必再盲目地重新设计，而是可以优先从数据库中选择。这样可大幅节省研发时间与供应链成本。

在企业中推行物料归一化时可以参考以下六个步骤。

第一，成立物料归一化（标准化）跨部门小组。小组成员至少包括研发工程师、采购工程师、仓库管理员、质量工程师，若有可能，邀请财务与供应商代表参加。

第二，小组成员进行头脑风暴，列出成员观察到的公司品类多而杂的项目。

第三，对头脑风暴出来的项目，用价值矩阵来做选择，确定哪些项目优先做归一化。在价值矩阵中，根据价值高低和实施难易程度分为四个象限，价值高、易实施的项目优先实施物料归一化。

第四，目视化，将已选定的项目所用到的物品在会议室陈列或在走廊通道悬挂展示，以增强大家采取行动的决心。

第五，指定技术研发人员为相应品类小组组长，形成工作计划。

第六，定期总结、配套实施激励计划（物质激励、精神激励）。

当小组做归一化有分歧时，可借鉴丰田造车的哲学：看得见的地方尽量不一样，看不见的地方统统都一样。

物料归一化做完之后，可以进一步形成物料优选库。物料优选库是将物料管理菜单化，不断淘汰使用率低的物料，这样在研发设计环节就开始进行物料管理了，从源头解决物料管理多杂难的问题。

物料优选库做完之后，进一步针对物料优选库中的物料进行价值分析、竞品拆解，并让供应商参与早期研发，这样就可以在质量和成本方面实现大幅度的优化。

三、丰田车把手的降本提质

"多品种、小批量"最早来源于丰田的精益生产模式，一直在我国盛行。有一次我在某国际论坛上与丰田的一位副社长同台做交流，我问他是怎么看丰田提倡的"多品种、小批量"的。这位副社长一脸惊愕地说："我们从来没提倡过'多品种、小批量'，我们提倡的是'多批次、小批量'，即生产过程中多次换线，以准时制生产方式及时生产、准时供货。"所以，咱们国内企业，还是要警惕"多品种、小批量"：对客户有价值的才叫多品种、小批量，对客户没价值的，就是企业物料标准化管理混乱！

别找借口了！

在我的《采购4.0：采购系统升级、降本、增效实用指南》一书中，描写了丰田车把手的例子。丰田推行21世纪成本竞争力计划（CCC21计划），推动跨部门协作，推行归一化，通过将35种车把手整合为3种（高档车专用、中档车专用、低档车专用）降本30%。请大家思考一下：35种车把手意味着有哪些成本？35种车把手，意味着有35套设计、35套模具、35个从产品质量先期策划（APQP）到生产件批准程序（PPAP）的验证过程，还意味着有35套检验规范、仓库要留35个货位，ERP里有35个料号，35种断货缺料的可能，35种产品生命周期结束后的呆滞物料，35种装配错误的可能，要留35种售后备件库存……

当车把手缩减为3种时，意味着供应商的生产量扩大了11倍以上，由于规模效应，供应商的固定成本被摊薄；操作工人换线时间减少，学习曲线发挥作用，单位产出时间大幅减少，产出效率提升；同时由于品类少，供应商越做越熟练，直通率提升，成品合格率变高。对顾客而言，35种车把手与3种车把手并没有本质区别。

第二节　供应链全链质量管理

一、供应链质量的系统观

供应链的形态大家已经很熟悉，做供应链质量绩效提升时，必须建立站在供应链高度的系统观。质量管理于今天，重点已经不在公司围墙内，必须放在整个供应链系统全局考虑，包括供应商的供应商、供应商、核心企业、分销商和用户。

供应链管理中有一个质量成本 10 倍法则，即供应商的品质问题对企业造成的损失，沿着供应链不断放大，每流经一个节点，处理成本就会扩大 10 倍。例如，当一个电容出了质量问题，如果是在供应商处发现，挑选出来，只要 1 元成本，但如果运到印制电路板（PCB）工厂，装到线路板上才发现，损失的成本就会是 10 元，如果 PCB 装到整机里才发现，成本则高达 100 元，如果产品运到客户处发生故障，处理成本要1000 元。所以质量问题在供应链当中越早发现，越在前端处理，质量成本越低。

二、健全的供应链质量管理架构

如何为供应链全链质量管理设计组织架构，是摆在供应链管理者面前的一个重要议题。原来的质量管理架构，是面向工厂的，是局部的，缺乏系统联动，往往也是官僚的：质量部门以质检为工作内容，以"卡"为主，一遇到不符合标准的产品就说"不"，只发现问题，卡住问题，不解决问题。他们认为解决问题是其他部门的工作。

如果放在供应链全链当中，质量管理架构就是三个环套在一起，客户的质量闭环、企业的质量闭环与供方的质量闭环，如图 7-1 所示。

企业面向供应链设计的质量管理架构中，有四个职能，分别为客户质量保证（customer quality assurance，CQA）、设计质量保证（design quality assurance，DQA）、生产质量保证（manufacturing quality assurance，MQA）、供应商质量保证（supplier quality assurance，SQA）。这四个职能各负其责，

但要形成闭环。

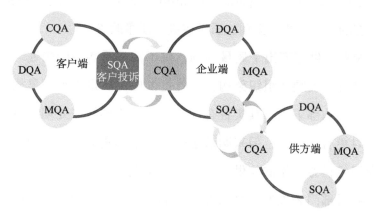

图 7-1 供应链质量的三个环

CQA 是客户的质量窗口，负责与客户沟通质量标准，处理客户投诉。

DQA 是研发的质量过程管理，很多产品质量问题，是研发设计先天不良，DQA 通过产品研发的过程管理，保证客户的要求得以实现。

MQA 指制造过程的质量管理，通常制造企业会有过程检验（in process quality control，IPQC）和出货检验（out quality control，OQC），都属于 MQA 的范畴。

SQA 是供应商的质量管理，负责供应商准入时的质量能力考查，企业与供方联合进行质量问题处理与能力改进。通常来料检验（incoming quality control，IQC）与供应商质量工程师（supplier quality engineer，SQE）都属于 SQA 的范畴。

当客户有一项投诉，CQA 往往要到客户现场去做质量问题处理，紧接着要向公司内部传递，分析是研发的原因（DQA）、制造的原因（MQA），还是供方的原因（SQA），然后通过相应职能进行原因分析并提出改进对策。

面向供应链的质量管理架构，往往 DQA 缺失，SQA 薄弱。其中每种质量控制都要以百万不良率（parts per million，PPM）为质量控制的标准，做好质量管理的三步：质量策划、质量控制与质量改进。

有些企业，供应商出了质量问题，搞不清是采购部门去处理，还是质量部门去处理，反映在组织架构上，就是供应商质量工程师是放在质量部下面，还是采购部下面。其实各有利弊：让采购部门去处理，可以让采购在选供方时更有责任心，但采购缺乏解决质量问题的专业能力，只能把不良情况通报给供方，无法与供方一道改进质量，不利于供应商质量问题的改进。让质量部门去处理，是因为质量部有改进质量的能力，可以联合供应商做质量改进活动，缺点是让质量部门负责，采购部就容易选低价低质的供方，反正出了质量问题有质量部门去兜底。供应商质量工程师放在采购部还是质量部，要服从企业当前的阶段与目标。如果企业新产品、新物料的需求多，那么从供应链的角度看属于敏捷供应链，效率更重要，供应商质量工程师放在采购部更合适。供应商质量工程师的主要工作职责是如何把"不行"变为"行"。如果企业大部分是老产品，新开发的任务比较少，那么属于精益供应链，供应商质量工程师放在质量部更有利于与供方联合进行质量改进。

不管哪种，好的供应商质量工程师是供应链管理中的稀缺人才，要提前储备。

三、供应链质量管理一切以客户为中心

供应链是一个系统，是系统就要找协同点，客户是供应链质量绩效提升的指挥棒。这意味着推行质量改进活动，要从客户端开始。从供应商端改进和从工厂端改进，都违背以终为始的原则。供应链质量管理要以客户

为中心,供应链质量绩效改进要从客户开始,到客户结束。

以客户为中心,要把这一点写到公司的质量方针里,并且要做到公司全员知、信、行。大家可以看看华为的质量方针,写的全是客户。

华为质量方针:

- 时刻铭记质量是华为生存的基石,是客户选择华为的理由。
- 我们把客户要求与期望准确传递到华为整个价值链,共同构建质量。
- 我们尊重规则流程,一次把事情做对。
- 我们发挥全球员工潜能,持续改进。
- 我们与客户一起平衡机会与风险,快速响应客户需求,实现可持续发展。
- 华为承诺向客户提供高质量的产品、服务和解决方案,持续不断让客户体验到我们致力于为每个客户创造价值。

从客户价值角度审视 KPI,公司内部矛盾就可以得到解决。让各部门跳出自己的职能陷阱,以客户为中心,重新梳理自己部门能够为客户提供的价值到底是什么?比如,质量部门就相当于客户在公司的代表,把好质量关,做好质量策划,给各个部门提出改进建议是质量部门对客户的价值;生产部门保证生产出合格产品是生产部对客户的价值。

思考一个问题:在你的公司里,质量部门与生产部门吵架谁会赢?答案是质量部会赢!因为质量部是客户的代表,凡有吵架,质量部只要说一句"客户不接受",争吵就结束了。但质量人员最怕生产部回击:"你从来都不去拜访客户,你怎么知道客户不接受?"所以质量部要经常去拜访客户,一年至少 10% 的时间要和客户在一起,主动与客户联系,主动与客户沟通，主动与客户联合改善。

表 7-1 是企业培训或咨询中帮助供应链各职能部门聚焦客户的落地工具。要求供应链各职能部门回答以下三个问题：

- 我为客户提供的价值是什么？
- 其他部门认为我的通常做法是什么？
- 我的客户服务标准是什么？

这三个问题将引导供应链各职能部门聚焦于客户。表 7-1 中以质量部与生产部对这三个问题的回答作为范例，采购部、技术部、计划部、仓储物流部可经过团队讨论后将答案填入表中。

表 7-1 供应链各职能部门关于客户的想法

部门	我为客户提供的价值	其他部门认为我的通常做法	我的客户服务标准
质量部	● 我是客户的代表，传递客户的标准和期望，关注客户的利益 ● 我给合作部门改进建议	● 严加检验	● 深入客户现场 ● 倾听客户的声音 ● 清晰传递客户的标准 ● 帮助其他部门持续改进
生产部	● 按客户需要的量 JIT 生产 ● 生产出合格的产品 ● 成本有优势	● 按自己的方便大量生产 ● 生产出不合格产品再返工 ● 大量浪费	● 严格按客户订单生产 ● 出货检验合格率 99.5% ● 生产成本降低 5% ● 持续改进
采购部			
技术部			
计划部			
仓储物流部			

以客户为中心，还意味着供应链质量管理的改善要抓住客户投诉这个牛鼻子。客户的投诉真实反映了供应链的薄弱点，所以要对近两年的客户投诉进行数据分析，找到客户投诉的关键项目，组建跨部门的质量控制小组，专项解决。

四、以质量成本为衡量依据

在供应链质量改善当中,以质量成本为改进的依据,即用钱来衡量质量改善的绩效。质量成本包括预防成本、鉴定成本、内部失败成本和外部失败成本(见表7-2)。

预防成本是指在投入生产之前的规划、研发、审核、培训等过程中,为了保证最终的质量而投入的成本。鉴定成本包括检验费用、试验设备维修费用、质管员的工资。值得一提的是,质量成本包含品质不过关所带来的损失,失败成本按是否送达客户处,分为外部失败成本和内部失败成本。

内部失败成本指产品在交付给客户前在内部因品质问题而引发的损失。典型的内部失败成本有返工、返修、报废、材料损耗、水电能源损耗、重复检验、加班及相关部门的关联损失。

外部失败成本是指产品和服务送达顾客后,由于质量问题所引发的损失。典型的外部失败成本有客户投诉调查及处理费用、退货和补货费用、产品召回费用、客户索赔或降价损失,除此之外,还有销售额的减少、品牌的损失、客户的流失等。

表7-2中详细列举了企业质量成本中预防成本、鉴定成本、内部失败成本和外部失败成本的细项,包括项目名称、项目内容、费用明细,供大家在统计质量成本时参考。

表 7-2 质量成本

成本类型	项目名称	项目内容	费用明细
预防成本	质量计划工作费用	为制定质量目标、文件、计划所进行的一系列活动而产生的费用	质量管理经费、咨询费和资料费等

（续）

成本类型	项目名称	项目内容	费用明细
预防成本	新品开发、设计、试验成本	新产品的开发和试制、检验、试验一系列活动所产生的费用	新品开发人员的工资、新品开发样机试制材料费用、新品制作员的工时费用、新品试验所产生的费用
	质量审核费用	体系、过程、产品的审核和对供方质量审核所支付的费用	评审费、资料费、会议费、办公费及差旅费等
	教育、培训费用（委外）	对员工进行培训，包括制订培训计划直至实施所发生的费用	授课人员和培训人员有关费用及补贴（委外）
	质量改进计划	制订并执行各种质量改进计划所发生的一切费用	实施各项纠正、预防措施过程中产生的费用
	供应商评估	供应商评估、考核中所发生的费用	参与供应商活动时人员的工资及交通差旅住宿费用
	质量管理	质量管理人员工资	质量管理人员工资各项支出
鉴定成本	检验费用	常规产品的试验	试验检验费、委外检验费用、送检人员的差旅费、材料费
	试验设备维修费用	试验设备、检测器具、计量仪表的日常维护和校准所支付费用	检验设备维修费用、维护校准计量费用
	质管员工资	检验员、试验员、计量员工资	检验员、试验员、计量员工资
内部失败成本	废品损失	产品有无法修复的缺陷或经济上不值得修复，导致必须报废造成的损失	报废损失
	返工损失	不合格品返工及检验费用，为消除质量隐患而增加的操作成本	返工工时费、检验费、新增工序费用（为消除质量成本隐患）
	停工损失	由于各种质量问题而引起的设备停工所造成的损失	停工损失费、停工期间损失的净产值
外部失败成本	顾客抱怨（包括顾客退货）分析、处理	退货所致搬运和交通运输费用，顾客退货所造成的产品报废的成本，退回不合格品返工工时及检验费用	退货所致交通运输费用、退货产品的废品损失、退货返工工时及检验费用
	赔偿成本	用户因产品缺陷提出申诉，进行索赔处理所支付的一切费用	索赔金、索赔处理费、差旅费
	延期交付损失	产品延期交付的超额运输成本	延期交付时所产生的交通运输超额费用
	客户流失损失	因产品质量问题客户不予合作	丢失客户带来的损失

很多企业供应链里都藏着一座金山，即质量成本。一家成品合格率在

93%的供应商，其质量成本占到营业收入的20%～30%，也就是这家供应商如果收入100元，会为了7%的不良产品支出20～30元，进行返工、返修、停线、重复检验、客户索赔处理等。如果这些问题解决了，供方就可以获得收入的10%～20%的利润空间，这对供方来说，很有吸引力。六西格玛质量管理有一项统计，是关于缺陷率（每百万缺陷数）与质量成本占营业收入之比的关系，估计很多企业与供方都不知道它们为了品质所付出的代价会这么高。不同质量水平的企业所付出的质量成本与营业额的比例如表 7-3 所示。

表 7-3 不同质量水平的质量成本与营业额的比例

σ水平	CPK[①]	缺陷率（PPM）	质量成本/营业额	竞争力水平
6σ	2.00	3.4	<10%	世界级水平
5σ	1.67	224	10%～15%	
4σ	1.33	6 387	15%～20%	工业平均水平
3σ	1.00	66 811	20%～30%	
2σ	0.67	305 250	30%～40%	缺乏竞争力
1σ	0.33	701 361	>40%	

① CPK 指工序在一定时间里，处于控制状态（稳定状态）下的实际加工能力。

供应链质量绩效改进中，应先统计质量损失，无论是我们自己企业内部的质量改进，还是引导供方进行质量改进，都可以优先从挽救失败成本开展。

企业可以思考以下六项缺陷，分析原因，从而有针对性地提升供应链的质量水平。

外部失败中损失金额最高的三项缺陷：

缺陷 1_____   损失金额_____

缺陷 2_____   损失金额_____

缺陷 3_____   损失金额_____

内部失败中损失金额最高的三项缺陷：

缺陷 1_____   损失金额_____

缺陷 2_____   损失金额_____

缺陷 3_____   损失金额_____

一旦找到这六项缺陷（实际上经常会少于六项，因为外部失败与内部失败会有重合），就可以组成质量控制专项小组，深入分析，找到问题真正的原因，进行纠正预防措施处理，彻底解决这些问题。当我们解决了这六项缺陷，内部失败成本与外部失败成本下降，直接转化成可量化的利润。而且，因为合作方质量提升，下游企业可以推行免检，从而减少下游企业的鉴定成本、内部失败成本与外部失败成本，实现双赢。

企业应该认真思考两个问题：

- 在你的企业里，质量成本是否被追踪，是否根据质量成本采取有效行动以改进质量？
- 在你的企业里，是否引导全链成员用质量成本作为质量改进的衡量指标？

五、供应商质量绩效改善：分批优化，扶优扶强

快速提升供应商质量绩效指标的最好方法，是每年把供应商当中质量绩效最差的 5% 分批优化。很多采购人员与质量人员发现，在供应商群体当中，出问题的总是那几家供应商，合作整改很多年一直不见绩效好转，而且可以预见未来也不会好转，在这样的情况下，企业应果断将这些供方分阶段优化，这是提升绩效最快的方法。记住：有些供应商根本不具有辅导性。

另外，对那些对企业未来发展有重要价值、有合作意愿、价值观相同、

认同企业愿景与梦想，并且五年以后还能走在一起的供应商伙伴，企业要进行扶优扶强，倾斜资源。

柳州五菱汽车工业有限公司，在帮助供应商质量绩效改善方面就做出了自己的特色。从 2017 年开始开展供应链提升项目，项目主要针对供应商产品质量开展一系列提升工作：从内部管理流程优化、管理方法优化、实操培训基地建设、对供应商开展质量提升培训、构建供应商能力矩阵、供应商防错漏专项提升等。

1. 管理流程、方法优化

根据 IATF16949 要求，结合程序运行情况，开展相关流程文件优化换版。针对薄弱模块细化管理，增加关键流程文件进行把控，使流程更加清晰适用，并在流程修订完成后，对全体 SQE 及相关部门开展了宣贯培训。APQP 管理方法优化：以新项目为载体，规范钣金 APQP 管理并逐步推广。从开发启动会到关键件识别及工艺评审、模夹检评审，到定期进行项目进度跟进汇报，到过程质量控制和项目资料归档，全方位进行管理规范。

2. 实操培训基地建设

2017 年起构建公司线旁实操模拟培训基地，组织各相关区域共同开发技能类新员工上岗前的培训课件，共完成 80 门技能培训课件的开发编写。通过规范技能类新员工的培训课程内容、培训流程，完善培训设备设施等培训基地建设，缩短新员工上岗培训的周期，提高新员工的技能熟练度，有效降低了新员工上岗过程中的产品质量损失和设备损伤。

3. 供应链质量提升培训

针对供应商的质量管理、生产管理研发了 18 门培训课件，从 2017 年开始，每年为供应链组织开展高管层面和执行层面的培训。实现了对供应商总经理层的管理理念导入及供应商执行层的管理工具应用推广的目的。通过领导作用和全员参与的氛围，为供应商能力提升提供有力保证。

4. 构建供应商能力矩阵

根据供应商现有的产品供货情况及设备、人员等软硬件实力，识别形成供应商能力矩阵，用于指导新产品供应商入围推荐。并将柳州区域供应商能力矩阵开展模式推广至分、子公司。

5. 供应商防错漏专项提升

2019 年开展防错标准化文件推广，有 3 家主要钣金供应商已经完成厂内防错标准化文件编制及发布。2019 年开展对柳州本地 6 家主要钣金供应商进行防错项目的审计。总共审计防错工位 76 个，有效防错工位 61 个，15 个防错工位存在防错失效的情况，防错有效比例 80.3%。

2020 年五菱工业又针对 33 家本地供应商组建了"供应链改善及创新学习联盟"，自上而下，不仅帮助供应商高层管理人员掌握价值链协同系统、价值链全面降本分析优化、研发技术降本、生产/材料成本优化等供应链降本增效工作思路及方法，还组织供应商的基层管理者班组长进行 TWI（Training Within Industry，一线主管技能培训）- 工作改善等辅导，有的低至 1 元的改善成本，却解决了上万元设备没有解决的问题，帮助供应商切实优化了生产效率和提升了产品质量。

在供应链创新联盟的基础上，五菱工业联合几家有潜质、有意愿提升企业信息化水平的供应商，签约组建了"供应链信息化建设联盟"，同供应商一起共享信息化建设资源，建立信息化协同机制，在信息化规划和 IT 技术提升方面为供应商提供更准确的支持，提升供应商整体信息化能力。

记住：企业的资源是有限的，要把有限的资源和时间优先投给最靠谱的供应商。扶优扶强的本质是管理输出,对于供方做得好的地方,可以介绍给其他供应商,企业带领供应商伙伴互相交流、互相促进,共同发展。鼓励供应链上的优秀供方组成学习型组织,一起进步。

六、使用 8D 团队解决问题方法提升供应链质量

8D 团队解决问题方法来自福特汽车,是福特处理质量问题的一种方法,因为通常有 8 个步骤,所以称为 8D,现在已经成了一种通用的问题解决方法。

8D 方法包含 8 个步骤。

- D1:小组成立。
- D2:问题说明。
- D3:实施并验证临时措施。
- D4:确定并验证根本原因。
- D5:选择和验证永久纠正措施。
- D6:实施永久纠正措施。
- D7:预防再发生。
- D8:小组祝贺。

正确地完成 8D 过程,除了能确定根本原因和纠正问题外,对于供方而言,还能通过建立小组训练内部合作的技巧,推进有效的问题解决和预防技术,改进质量和生产率,防止类似问题的再发生,提高顾客满意度;对于顾客而言,还能使用 8D 增强对供方的产品及过程的信心。

为了帮助大家更好地应用 8D,这里提供了一份范本,分为两部分,第一部分是客户填写(见图 7-2),主要是精准描述问题,并传递给供方;第

二部分是供应商填写（见图 7-3），进行质量问题的处理、纠正与预防。

电子邮箱：		电话：		8D 编号：	
传真：				日期：	
接收人：				发送人：	
抄送：☑研发　□供应商质量保证　□出货检验　　　□研发质量保证　　☑生产				审核人：	
开立条件：☑进料检验发现问题时，No.：_____　　　　□生产　□出货检验　□研发质量保证　发生异常，经供应商质量保证确认为原材料不良时，No.：_____					
缺点等级：□严重缺点　　☑主要缺点　　□次要缺点					

零件料号：		品名：		供应商：		编号：	
不良发生日期		批量	样本数	不良率		制造日期	不良现象

回复时间：请于____年____月____日前回复改善对策，回复资料必须经由最高主管审核签字，否则回复无效。

供应商质量保证对厂商回复确认： □改善对策确认有效，内容填写具体清楚。 □改善对策确认无效，自____年____月____日起暂停检验该料。 □8D 回复未按要求填写，自____年____月____日起暂停检验该料。 □超过期限未回复，自____年____月____日起暂停检验该料。
发送人：　　　　　　　　　　审核人：

改善对策有效性追踪：□追踪一批来料上线使用状况没问题后，可结案。 　　　　　　　　　　　□三个月未来料，无法确认改善效果，暂结案。				
进料日期	批量	检验结果	上线日期	上线使用状况
发送人：		审核人：		

注意：

1. 国内：关键问题请于 3 个工作日内回复；主要问题请于 7 个工作日内回复；轻微问题请于 15 个工作日内回复。
2. 国外：关键问题请于 7 个工作日内回复；主要问题请于 15 个工作日内回复；轻微问题请于 22 个工作日内回复。
3. 若未按时回复或对策经确认无效时，将停止该料检验。

图 7-2　客户填写

8D 编号：_____ 厂商：_____ 料号：_____	
第一步：问题点描述见首页不良现象内容（略）	
第二步：问题点解决小组成立（品质、生产、技术等部门人员） 组长：_____ 组员：_____	
第三步：应急处理 ××××××产品处理措施：_____。 　　　　　　　　　　　　　　　　负责人：　　　　　日期：	
第四步：原因分析 　　　　　　　　　　　　　　　　负责人：　　　　　日期：	
第五步：短期对策 　在途品，数量：_____，处理措施：_____ 　厂内库存品，数量：_____，处理措施：_____ 　厂内待验品，数量：_____，处理措施：_____ 　厂内半成品，数量：_____，处理措施：_____ 　　　　　　　　　　　　　　　　负责人：　　　　　日期：	
第六步：长期对策 　　　　　对策实施日期：　　　　负责人：　　　　　日期：	
第七步：对策验证 　验证时间：_____ 验证批量：_____ 验证结果：_____ 　　　　　　　　　　　　　　　　负责人：　　　　　日期：	
第八步：标准化（如修订或增加程序文件、规格、指导书等） 　时间：_____ 对_____ 程序文件、规格、指导书_____ 条款进行修订或增加。 　　　　　　　　　　　　　　　　负责人：　　　　　日期：	
第九步：教育训练 　时间：_____ 对_____ 层级人员进行培训。 　　　　　　　　　　　　　　　　负责人：　　　　　日期：	

注意：
1. 请供应商在限定时间内及时给出有效改善对策。逾期不回复，后续来料暂停检验。
2. 以上各项内容均需填写详细，空间不足可用附件，并在每个步骤备注。凡给出对策中有"加严""加强"等笼统描述内容，均视为回复无效。
3. 请供应商依此格式建立电子文档填写，打印后由相关责任人签名确认，传真至××××××。

图 7-3　供应商填写

第三节　供应链健康降本

一、供应链成本

供应链是一个端到端的系统，它涵盖产品在供应链中流动，一直到交付给客户的全过程。供应链的总成本被分为两部分：产品成本与供应链运作成本。如果要构建供应链成本竞争优势，就要对产品成本与供应链运作成本的成因进行全面分析，即企业里哪个职能对产品成本与供应链运作成本有重大影响。

70%的成本在产品设计阶段就决定了。研发设计的是一个黄金马桶，供应链管理部门无论怎么和供方构建战略合作关系，都无法将成本降到陶瓷马桶的水平，毕竟供应链能影响的空间有限。研发的产品是否能打动客户，在市场上是否畅销，又决定了供应链的运作成本。如果研发的产品是爆款，那么供应链的诸多问题（包括库存问题、供应商配合问题等）都将迎刃而解；如果研发过程就考虑了方便采购、方便制造、方便物流运输，那么采购成本、制造成本与物流成本就会有先天的优势。

供应链的成本是供应链管理部门与研发部门共同作用的产物。形象地说，供应链的成本，是研发与供应链两个部门结婚后生的小孩，其中研发是爸爸，供应链是妈妈，在成长的过程中，妈妈是很重要，但先天的基因，是父母共同决定的。所以供应链的成本优势，一定要研发与供应链互相配合才能获得。

事实上，在实践中我接触的大多数企业，其研发人员多强势而任性，被公司领导宠坏了，再加上技术人员往往不擅长与人打交道，靠供应链人员去推动研发人员做成本改进很困难，所以在机制上保证就很重要。如何推动研发与供应链协同降本，企业采取的方式各不相同。如果企业超大，执行力又强，如华为，推行集成研发系统（IPD）是一个不错的选择。但我在接触了国内一些科技型企业之后，发现推行集成研发系统还是很有难度的，需要外聘顾问，还要有强势领导全程参与。但由于集成研发系统工程庞杂，有些企业推了一半就不再推了，处于半搁置状态了。那么有没有不需要请顾问，风险又比较低，成功率还比较高的降本方法呢？当然有，就是宜家家居以及绝大多数日本企业推行的目标成本法。

二、目标成本法

目标成本法是日本汽车产业、家电产业打败欧美同行的法宝，简单安全副作用低，中国企业可大胆借鉴尝试。先谈谈欧美企业及中国大部分企业用的产品市场定价方法：利润加成法。利润加成法指研发把产品设计出来后核算成本，加上企业想赚的利润，就是产品售价，用公式表示是：

$$价格 = 成本 + 利润$$

利润加成法的风险在于，产品推到市场后消费者很有可能不接受这个定价。欧美车企有很多研发出来的好车，车好但卖不动，叫好不叫座，这款车没达到预期销量，只好寄希望于下一款产品，再立项新车型，结果车型越来越多，物料种类变得复杂，供应链管理成本也就上去了。

日本企业吸取欧美企业的教训，用目标成本法，也就是用倒推的方式做研发，造就了非常多叫好又叫座的"神车"，如本田的雅阁、丰田的卡罗拉，一代又一代，越做质量越好、效率越高、营销成本越低。

目标成本法，简单来说，就是在设计阶段，通过市场调查，预测最能吸引客户购买的市场价格，再减去企业预期的利润，剩下的就是目标成本，而产品成本与供应链运作成本必须在目标成本之下完成。

目标成本法的实施，要先通过市场调查与分析，确定最有可能吸引潜在消费者的价格。当然价格也不一定都是越低越好，如果是奢侈品或高风险的产品，定高价也许更能吸引客户购买。对于预期利润，有的企业会固定下来，比如必须高于8%；有的则根据市场竞争情况灵活处理，有些企业为了引流，甚至在刚开始定负利润，这与超市在开业时为了引流免费送鸡蛋是一个道理。最有可能吸引潜在消费者的价格减去预期利润，就是目标成本，用公式表示是：

$$目标成本 = 客户接受的价格 - 企业的目标利润$$

对目标成本进行分解，确定每个组成部分的分摊成本是一个技术活。以日系汽车为例，汽车的每一项功能都被视为产品成本的一个组成部分，目标成本要分配到每个组成部分，每个组成部分就有一个子目标成本，企业与外部供应商之间，以及企业内部不同部件的负责人之间就子目标成本核算工作进行谈判、协调，甚至重新优化设计。如果最初的成本预算结果高过目标成本，成本计划人员、研发设计人员以及营销人员在妥协和权衡后，定出与目标成本最为接近的计划成本。

小米是国内用目标成本法用得最成功的公司之一。小米的产品定价，总能让消费者怦然心动，产生购买欲望。能做到这一点，主要是因为小米制定了新品不赚钱、只走量的策略。电子器件是随着时间不断降价的，随着销量的增加，产品总成本不断下降，到达盈亏平衡点，小米就开始盈利。小米打破了行业的惯性思维，一开始以亏损的价格进入市场，出奇制胜。但其他企业要模仿还须谨慎：一是小米公司亏得起；二是小米多产品（包括投资的企业）共用销售平台，有的产品承担引流职能，不赚钱也没问题；三是小米公司主要做估值，不急于赚钱，随着企业的上市，很多问题也就都解决了。

目标成本法对中国企业最大的启发，是将供应链产品成本优化的责任给了成本的真正决定者——研发部门。也就是说，企业供应链成本的降低，80%考核研发部门，20%考核供应链部门。

三、面向供应链的设计

研发人员在研发过程中除了要关注产品的设计引发的成本，还要关注供应链运作成本。研发的时候就要考虑产品是否方便购买、生产、物流、装卸、回收,是否能让供应链整体运作成本最优,即面向供应链设计(design for supply chain,DFSC)。在这方面,宜家家居在实践中做了大量的创新。

宜家家居的商业理念是:提供种类繁多、美观实用、老百姓买得起的家居用品。这就决定了宜家在追求产品美观实用的基础上要保持低价格,宜家是如何做到的呢?实际上,宜家的低价策略贯穿从产品设计、材料选择、代工厂商管理、物流设计到卖场管理的整个流程。

(1)以目标成本法设计产品。宜家有一种说法:"我们最先设计的是价格标签。"也就是说,设计师在设计产品之前,宜家已经为该产品设定了对客户有吸引力的销售价格及目标成本。

(2)宜家拥有自己的低成本设计理念及模块式设计方法。宜家的设计理念是"同样价格的产品,比谁的设计成本更低",设计师之间进行竞争,比谁的设计成本更低,不断产生更好的创意。宜家用模块化方式进行家具设计,有些模块在不同家具间可通用。

(3)产品设计过程中跨部门团队合作。为完成目标成本,需要跨部门合作,设计师、产品开发人员、采购人员密切合作,并引入专业的供应商参与新品的开发,保证设计的产品质量高、成本低。

(4)为了降低供应链物流成本不断优化设计。宜家有种邦格杯子,为了在生产、储运等环节降低成本,设计师把杯子设计成了一种特殊的锥形,因为锥形能使杯子更快通过设备,从而降低生产成本,还能使烘箱中放入杯子的数量最大。宜家设计人员后来又对杯子高度和把手形状进行重新设计,目的是更有效地叠放,从而节省杯子在运输、仓储、商场及顾客家中占用的空间。

四、供应链降本的原则

关于供应链成本的优化,我在咨询工作中总结出了五大原则和五大方法。供应链降本的五个原则包括:以数据统计和分析为基础、聚焦关键少数、跨部门团队作战、创新、担当。

原则一:以数据统计和分析为基础。企业的物料采购成本,从供应链角度,可以细分为以下部分:供应商的产品成本,供应商的利润,物流成本(包括包装、运输、装卸),库存成本,质量成本(开发、鉴定、内部失败与外部失败成本),订购、商务互动产生的费用,如图7-4所示。

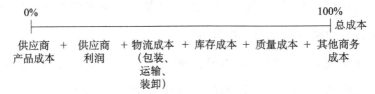

图 7-4　物料采购成本的构成

在实践中,要降低供应链成本,应以数据统计和分析为基础,对各品类采购成本进行统计汇总,据此考虑如何降低成本。

原则二:聚焦关键少数。80/20法则在采购成本上表现尤为明显。20%的关键品类,产生了80%的成本。降本时,不要四面出击,面面俱到,而要每次都聚焦在关键少数,全力做20%的品类。第一批20%做完之后,把剩下的品类再区分20%和80%,再聚焦20%的关键少数。我们经常比喻,如果从动物腿上刮油,是在大象腿上刮还是苍蝇腿上刮?不要有大象腿苍蝇腿都不放过的贪婪想法,因为你的注意力在哪里,产出就在哪里,供应链管理要算大账,时间资源有限,一定要时时把注意力放在最有价值的品类上。

原则三:跨部门团队作战。聚焦关键项目后,只靠采购一个部门降本是很难完成的，必须跨部门协作：研发、质量、生产、物流、财务都要参与到项目组中。研发应考虑如何使用新材料、新工艺、新方法；生产应考虑如何使损耗量更少，更有效率；质量部应考虑如何制定合适的标准，避免质量过剩与质量不足；采购部应考虑如何维护好和供应商的关系；财务部则要考虑是否可通过预付款或缩短账期来换取供方的降价。当几个部门发生矛盾时，要通过数据分析来确定怎样做供应链总成本才最优。

原则四：创新。要想获得成本优势，企业必须采取与以往不同的方法，这就要有创新意识，大家进行头脑风暴，鼓励异想天开，有一个创新用词，叫"除非"，很有效。在讨论时，尝试使用如下句式：

这个品类要想再降 10 个点有点难，除非……

"除非"后面的想法，大家可以积极探索，大胆畅想，很有可能就会产生有效的创新实践。

原则五：担当。如何发现企业人才？在项目中发现。在降本项目组中，经常可以发现勇于承担责任、勇于创新的人才，对于这些人企业要重点培养。从赛马中发现千里马，是供应链降本活动的另一个收获。

五、供应链降本的方法

在咨询实践中，我总结了降本五板斧，包括：商务降本、流程降本、技术降本、管理降本、供应链共享共建降本。我会出版新书《采购降本五板斧》，书中会对这五种降本方法做详细介绍，也会提供如何使用这些方法的实践案例！

商务降本。通过调整供需关系，比如通过整合采购量、优化供应商数量、招标竞价等方式，实现商务降本。推荐年终返利模式，即通过统计分析，和供方协商，如果一年的采购达到一定量，供方在年终给予一定比例的返利（如 5%），这种方法相对公平。

流程降本。在供应链全过程中，通过删除、合并、重组、简化的方式，对供应链进行优化，改进不增值的环节，提高效率，减少人工成本。与优秀的供方保持更紧密的合作，包括共同开发产品，与供应商共享数据信息，这些都是降低成本的有效方法。

技术降本。研发部门依据价值分析，对品类、数量、规格、结构、材质、加工方法等进行优化设计，以降低成本，这方面潜力巨大。

管理降本。从组织架构、目标设计、跨部门合作、团队激励四个维度着手，通过激发员工动力，创造企业价值，实现利润提升。降本是逆人性的，要用愿景与机制来赋能。

供应链共享共建降本。这是面向未来的降本，通过能力和资源的共享共建，减少供应链中的重复建设，避免资源浪费。能力共建，指的是与供应商构建学习型供应链团队，通过标杆游学、专项提升等方式提升供应链成员的成本改善、质量改善与交期改善能力。

在产品设计的初期，邀请具有伙伴关系的供应商参与买方的产品设计小组，运用供应商的专业知识和经验来同步设计开发，这种方法被称为供应商早期参与研发（early supplier involvement，ESI），如图 7-5 所示。供应商早期参与研发，可以使企业加强与供应商的信息沟通与资源共享，借助供应商的专业能力大幅降低供应链成本，还可以巩固与供应商之间的合作关系，使合作更加默契。

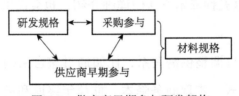

图 7-5　供应商早期参与研发架构

之所以提倡供应商早期参与研发，是因为在产品组成部分的专业度上，供应商比企业内部的研发人员更专业。供应商知道你的竞争对手的产品设计，供应商懂你不懂的生产工艺。所以，不要只采购供应商的货物与服务，还要挖掘供应商最有价值的部分：供应商的智慧与专业。利用供应商的专业优势，为产品开发提供质量更可靠、成本更低的设计，可以帮助企业获得性价比优势。

除了在研发阶段供应商早期参与外，还应在供应链运作上，激励供应商提出更多、更好的改善创意。很多企业有合理化提案活动，能够激发员工的改善智慧，这个活动不向供应商延伸就太可惜了：只要建立起一个让供方表达专业智慧的环境，供应商的专业与眼界会带给你惊喜。本田特设供应商成本改善奖，当供应商提出好的合理化改善建议，一旦建议被采纳，实现成本节约，本田会按节省额分成：本田分20%，供应商分的比例高达80%（一年期有效）。这在极大程度上激发了供应商的改善意愿，也是本田车系保持成本竞争力的一个重要原因。

六、工具：品类—供应链成本降低看板

基于供应链成本优化的五大原则和五大方法，我总结绘制了品类—供应链成本降低看板，在实际工作中非常有用，供大家参考（见表7-4）。

表7-4中，品类是按上一年度的采购金额进行排序的，采购金额可以通过财务部的付款记录汇总统计。金额越高，排序越靠前，方便全员发现哪些品类是关键。图纸数量越多，表示品类规划越弱。供应商数量反映了品类供应商整体规划是否合适，通常供应商数量规划默认以1+1+1模式进行，即一家主供、一家辅供、一家开发备用。在负责人担当上，排名靠前的品类，负责人仅有商务能力是不够的，还要求有行业经验，如果实在找不到合适的专业人员，可以考虑从品类供应商处物色招聘。

表 7-4 品类—供应链成本降低看板

品类	图纸数	供方数	支出占比	负责人担当	成本节约目标	物料特点分析	供应商市场分析	采购策略	商务降本	流程降本	技术降本	质量提升降本	能力和资源共建降本	整体计划	需要支持	成本节约（预计/已实现）
原材料																
包装																
代工																
物流																
生产设备																
维护维修运行																
设施与不动产																
市场营销																
行政管理																
总计																

紧接着，我们要对品类进行分析，所采购物料有什么特点？供应商市场有什么特点？我们最佳的采购策略是什么？五种降本方法：商务降本、流程降本、技术降本、质量提升降本、能力和资源共建降本，采用哪个最合适？最佳的整体计划是什么？需要哪些支持与资源配合？年终对成本节约（预计/已实现）进行统计。

健壮供应链的关键不在于压低供方价格，而在于如何激活研发与供应链的协作，让员工、供应商都参与到供应链的改善中，让质量优势与成本优势同时得到提升。

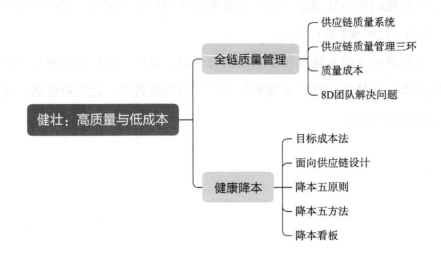

学以致用

【学】
请用自己的语言描述本章的要点:

【思】
描述自己企业的相关经验与本章的启发:

【用】
我准备如何应用？我希望看到的成果是什么？

会遇到哪些障碍?

解决障碍有哪些方法、措施、资源?

我的行动计划:

第八章 08

趋势

供应链发展展望

供应链管理的发展日新月异，数字化、智能化、供应链金融、大数据、人工智能、区块链等新概念层出不穷。沿着供应链发展趋势，我们看到未来，但变的是未来，不变的是社会责任，包括按时付款、不作恶、绿色、多赢。大数据、人工智能、区块链这些新技术与供应链结合，使供应链创新出现了更多的可能。供应链金融无论是在实践中还是在理论上也在不断突破、创新。用智慧为客户创造更美好的明天，让我们一起展望供应链发展的趋势与未来。

第一节　不变的是社会责任

随着人类社会的发展，越来越多的企业开始意识到社会责任的重要性，上市公司也在逐步加强社会责任方面的信息公布。社会责任于供应链，意味着不仅自己企业要做好，还要引导供应链的合作伙伴一起关注社会责任。结合这些年培训、咨询中接触到的企业社会责任方面的难点和痛点，我对企业在供应链管理方面承担更多的社会责任，提出以下倡议。

一、按时付款

按时付款是一个企业健康运作的重要特征，也是一种最基本的供应链社会责任。企业为了获得更多的资金周转，往往想各种办法延期付款，短期看企业是获利了，但是长期看，却损失了供应商的信任。一旦供应商找到了更好的客户，或者说遇到货源紧缺，供方说了算的时候，就很难获得供应商的支持和配合。

某企业经常在同一个酒店开两个培训班，一个是供应链管理提升班，由我主讲；另一个是应收账款催要班，由一位律师背景的老师主讲。通常应收账款催要班的参训人数是供应链管理提升班参训人数的2～3倍。每每看到这样的状况，我心里都异常沉重。一群企业家、高管天天把心思精力都放在研究如何去向客户催要应收账款上，供应链合作的契约精神差到什么程度了？这些供应商哪还有精力和心思与拖欠货款的客户协同创造价值。所以每次我都会告诉供应链管理提升班的学员，按时付款是一个企业或一个供应链管理者的基本信用表现，无论如何，要督促企业内部按时付款。总想办法拖欠货款的企业是做不大、走不远的。我为一些大型央企、集团公司上课时，也一直强调大企业一定要有建设生态系统的责任，最低要求是按时付款，因为你拖欠供应商货款，供应商就会拖欠上游供应商的货款，到最后发现拖欠的是基层员工的血汗钱。把供应商都拖关门了，企业后续将付出更高的代价。

按时付款，是企业的一项基本责任。不要把精力放在如何去拖欠供应商货款上，而应把精力和注意力放在如何优化整个供应链架构，给客户创造更多的价值上。善待供应商，就是善待你的明天。

二、不作恶

彼得·德鲁克曾经说过，企业存在的价值是创造顾客。但经常看到很多企业背离了这个原则，走向一条不归路。有的企业不思考怎么把产品卖给客户，而是欺骗客户，赚快钱，或是收取加盟费，或是许诺高投资回报，最终因无法实现产品销售而崩盘，受到法律制裁。甚至有的企业在得知政府有政策性补贴时，不顾自身发展规律，为了骗取政府补贴而盲目上马项目。我走访了几家两化（智能化与信息化）融合企业，发现企业在市场占有率下滑的情况下，却投入大量资金上机器人，拼命生产，造成库存高涨，费用攀升，资金链断裂，拖欠供应商货款。当被问及为什么要做两化融合时，企业负责人最后表态，主要原因是国家倡导，有政府补贴。企业不应该靠补贴而生存，因为补贴早晚会撤掉，落潮时一定会看出谁在裸泳。尤其是不要骗取补贴，国内的新能源汽车补贴，使得很多汽车企业铤而走险，虚报数字。关于补贴，也建议政府主管部门少用金钱补贴方式，多改善企业经营环境。

总而言之，供应链的社会责任，要求供应链企业不作恶，不忘为客户创造价值的初心。

三、倡导绿色供应链、多赢供应链

随着经济的发展，全球环境也在恶化，企业的其中一项社会责任，就是建设绿色供应链。企业应该通过对碳排放指标的监测，来衡量能耗高低。企业的降耗措施包括：对包装材料回收利用，减少过度包装；对旧设备二次更新改造；生产中使用可再生材料，限制污染物、有毒有害物料在全供应链的使用，在供应链中倡导使用清洁能源；鼓励供应商在设计阶段，就考虑可回收材料，减少对环境的污染。例如，浙江一家电表企业，其生产的电表在出口到德国后，被当地的电力公司要求停止使用纸质包装，而改用可以重复多次利用的环保铁箱，同时不允许在产品上套塑料袋，减少产品内部的衬板、隔板的使用，并且德方在验收时对电表外壳的摩擦划痕不做质量考核，通过这些措施，这家电表企业开始重视保护环境，减少过度包装。

共享型供应链，指资源在供应链中共享，避免重复建设。很多企业已经开始把采购部门变为采购共享中心，将企业资源共享。下一步，就是推行供应链共享中心，将供应链成员企业的资源进行共享，避免重复建设，造成社会资源浪费。这里指出，如今在社会上很火的共享单车，本质是一个分时租赁，因为并没有把大众手中不用的自行车拿来盘活共享，所以共享单车的"共享"实际上是一个伪概念。

承担社会责任是时代对企业的要求，也是企业可持续发展的要求。如何推动供应链伙伴承担社会责任，打造一条责任价值链？这意味着不仅企业自身要承担社会责任，而且要引导供应链成员企业一起参与社会责任建设，激发企业自身和成员企业在整个链条上共同消除浪费，加强环境保护，推进劳工职业健康安全建设，实现可持续的多赢。化工巨头巴斯夫不仅在自己的供应链推行社会责任，还联合同行化工企业成立共同可持续发展

（together for sustainability，TFS）项目，在企业治理、环境保护等领域对供方加以引导、评估和提升。TFS 组织还邀请中国供应商组织可持续发展的培训。TFS 组织倡导"1+3"企业社会责任项目，即通过 1 家可持续发展会员公司 +3 个供应链的合作企业（供应商 + 客户 + 承包商）的模式，在供应链传递企业社会责任的理念，并以最佳范例、专业知识等指导合作伙伴，提高合作伙伴履行企业社会责任的意识和管理实施的能力。这些企业以负责任的态度担当社会责任，也赢得了社区、客户与供应商的尊重。

对于社会责任，不是要等到企业有钱了才去做，所有企业在任何发展阶段都应该考虑做下面"五个一"活动中的一项或几项。

- 为环境做一件好事。
- 为供应商做一件好事。
- 为客户做一件好事。
- 为员工做一件好事。
- 为弱势群体做一件好事。

让客户赢，让员工赢，让合作伙伴赢，让国家赢！

企业提升社会责任意识，不仅可以强化企业正面形象，而且可以激发整个供应链成员的使命感与责任感，激发供应链所有合作伙伴心中的善，这也是时代赋予供应链管理人员的光荣责任与应尽义务。

第二节 不变的是应对挑战

时代在进步，社会在发展，各种技术创新层出不穷，与此同时，新的挑战也在不断出现。疫情、国际冲突、经济制裁等事件的发生，也引发了很多供应链问题。

如何将突发事件对供应链的影响降到最低,企业又能提前做哪些预案?在这里给大家分享一个 6R 模型:减小(reduce)、响应(respond)、恢复(recover)、重启(resume)、重建(restore)和返回(return)。

6R 模型分为三个阶段:

第一个阶段是事情发生前,着重预防和控制,做好应对。它包括两方面,一方面是怎么减小损失,另一方面就是如何做好响应。

第二个阶段就是事情发生时,事中要做应急的响应和损失评估,恢复关键功能,重启业务。

第三个阶段就是等到事情稳定之后,事后要重建永久站点,返回正常运行。

6R 模型按时间线来划分,事前对应减小;事中对应响应、恢复、重启;事后对应重建和返回。

此外,企业还要做好供应链系统风险分析。这里可以运用三个清单工具,来系统检查持续发展的供应链系统。

第一个清单工具是《可持续发展的供应链系统表》(见表 8-1)。

表 8-1 可持续发展的供应链系统表

公司的关键产品和服务是什么?	交付这些产品和服务的最关键活动和资源有哪些?	上述最关键活动的主要风险有哪些?	当灾难或事故发生时,如何维系上述最关键活动?
		劳动力短缺(传染)	
		关键设备故障	
		物料短缺	
		客户(订单)变动	
		IT 系统破坏	
		……	

这个工具如何使用?建议企业跟自己的供应商和客户定期开电话会议,以及和公司管理层开会。主要是来解决四个问题,大家注意这四个问题是非常关键的。

问题 1：公司的关键产品和服务是什么？

问题 2：交付这些产品和服务的最关键的活动和资源有哪些？这个较复杂，需要做详细列表。

问题 3：上述最关键活动的主要风险有哪些？这里列出一些风险，可供选择。比如劳动力短缺，开工之后，人来不了，来了之后，又得了传染病；关键设备故障、运输交付封路；物料短缺、客户倒闭；客户（订单）变动、IT 系统破坏等。

问题 4：当灾难或事故发生时，如何维系上述最关键活动？

第二个清单工具是《LEC 风险等级评估表》（见表 8-2），主要用于对各个项目的风险等级进行评估。

表 8-2 LEC 风险等级评估表

分数值	L 事故发生的可能性	分数值	E 暴露的频繁程度	分数值	C 发生事故产生的后果
10	完全可能预料	10	连续暴露	100	大灾难，许多人死亡
6	相当可能	6	每天暴露	40	灾难，数人死亡
3	可能，但不经常	3	每周暴露 1 次	15	非常严重，1 人死亡
1	可能性小，完全意外	2	每月暴露 1 次	7	严重，重伤
0.5	很不可能，可以设想	1	每年几次	3	重大，致残
0.2	极不可能	0.5	非常罕见的暴露	1	引人注目，需要救护
0.1	实际不可能				

选择：L 值 =　　　　E 值 =　　　　C 值 =

危险等级划分：D = L × E × C =

等级选择	危险等级	分数值	危险程度
	1	D>320	极其危险，不能继续作业
	2	160<D ≤ 320	高度危险，要立即整改
	3	70<D ≤ 160	显著危险，需要整改
	4	20<D ≤ 70	一般危险，需要注意
	5	D ≤ 20	稍有危险，可以接受

该方法用与系统风险相关的三种因素指标值的乘积来评价风险的等级。这三种因素分别是：L（likelihood，事故发生的可能性），E（exposure，人

员暴露于危险环境中的频繁程度）和 C（criticality，一旦发生事故可能造成的后果）。给三种不同因素的不同等级分别确定不同的分值，再以三个分值的乘积 D（danger，危险性）来进行危险等级的划分。

如果业务风险等级特别高，还要填写第三个清单工具《××公司应急计划实施记录表》，包括时间、出现的紧急状况，采取的措施、措施的有效性，负责人和备注等，如表 8-3 所示。

表 8-3　XX 公司应急计划实施记录表

序号	时间	出现的紧急情况	采取的措施	措施的有效性	负责人	备注

以上三个清单工具一起使用，不仅可以帮助企业识别供应链系统中存在的风险，并对风险程度做出判断，还可以针对高风险的情况提前制定好应急预案。这样一个完整的闭环走完后，即使发生不确定的挑战，我们也可以轻松应对。

凡事预则立，不预则废。遇到风险不可怕，可怕的是没有应对策略。对于我们供应链管理者来说，要做的就是提前做好预判和预案，这样，一场危机说不定就能变成一次转机。

第三节　模式创新：供应链金融

未来已来，VUCA 年代，唯一不变的是变化。供应链的发展，不断出现模式创新与技术创新。企业要想进步，就要放弃抱怨，主动拥抱变化，根据趋势，主动创新。在模式创新上，供应链金融仍然是一个风口。

供应链金融之所以火，是因为当下供应链管理中，与物流、信息流相比，资金流绩效是最差的。在一条供应链中，核心企业处于强势地位，往往在账期上对上下游配套企业要求苛刻，账期长且要开银行承兑汇票、商业承兑汇票，有时还会出现到期拖欠货款的状况；上下游配套企业往往是中小企业，缺乏信用或抵押物，难以从银行快速融资，资金链十分紧张，极易出现"断链"事件。银行与企业之间的合作是点对点分散的，其关系如图 8-1 所示。

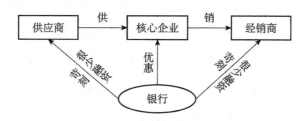

图 8-1　供应链中银行与企业的合作关系

供应链金融（supply chain finance，SCF）通过核心企业与金融机构合作，为供应链成员提供一揽子资金解决方案。因为供应链金融以交易过程为基础，整合物流、信息流和资金流，将金融机构的优质服务安全快捷地提供给供应链成员企业，从而实现"银链"（银行与供应链）双赢。供应链金融发展迅猛，原因在于其既能有效解决中小企业融资难题，又能延伸银行的纵深服务的双赢效果（见图 8-2）。

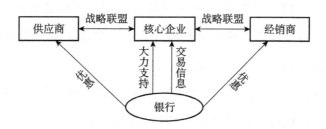

图 8-2　供应链金融改变企业与银行的合作

供应链金融的可行性，主要来源于供应链链主企业本身影响力（信用）

与交易数据的透明化。在供应链金融发展中，有三个推动主体，一是银行，二是大型企业，三是平台型公司。其中大型企业是入口，因为一个大型企业背后可能是成百上千家缺钱的供应商或经销商。

供应链金融解决方案有三个层次。

第一个层次，金融机构推动大型企业，创建"1+N"金融服务模式。供应链金融第一波推动力量来自商业银行。商业银行之所以纷纷将供应链金融作为转型的着力点和突破口，是因为供应链金融对商业银行有非凡价值：在供应链金融模式下，银行跳出单个企业的局限，站在产业供应链的高度，对所有成员企业进行融资安排，通过中小企业与核心企业的资信捆绑来提供授信，这样方便拓展客户和保有客户。供应链金融还能够降低商业银行资本消耗，为银行拓展中间业务提供较大空间。

第二个层次，以平台型公司为主导，以交易数据的方式控制风险，单笔金额较小，覆盖面更大。平台型公司主要有电商企业、大型物流企业、"云"信息化公司及特大供应链链主企业，这就是"M+1+N"的供应链金融服务模式。

电商企业因为具有一定的信息优势，能与银行、商户实现互惠多赢。从阿里巴巴、亚马逊、京东等企业的实践来看，发展供应链金融正成为电商巨头抢占市场份额、争夺供应商的必经之路。电商及企业互联网平台聚集了大量企业资源，掌握了一手交易信息，便于了解企业的资金、物流、信用状况，比银行单独放贷要节约成本。大型物流企业因为掌握着物流的实时流动数据，也有这方面的优势。信息化平台公司（如"企企通"），基于供应商关系管理的"云"交易数据、订单信息、财务信息、收发货信息，可以为企业提供低成本高效率的供应链金融服务，发展速度都很快。还有一部分大型集团企业自建供应链金融平台，也实现了集团成员之间、集团与供应商之间的金融服务。

第三个层次，是供应链金融+区块链技术。应用区块链技术，企业通过不可篡改的数据，有效证明供应链成员的真实信用。一旦信用通过供应链过程中的数据及资金流向得到有效真实的反映，金融机构为中小企业提供的融资服务效率将得到极大提升。当然，区块链技术正在寻找合适的场景，目前国内供应链金融仍然是以第一层次与第二层次为主。

目前，供应链金融的融资模式主要有三种：应收账款融资、预付款（未来货权）融资、存货类融资。

应收账款融资是指在供应链核心企业承诺支付的前提下，供应链上下游的中小企业可以以未到期的应收账款向金融机构进行贷款的一种融资模式。

预付款（未来货权）融资是下游采购方向金融机构申请贷款，用于支付上游核心供应商在未来一段时间内交付货物的款项，同时供应商承诺，对未被提取的货物进行回购，并将提货权交由金融机构控制的一种融资方式。未来货权融资是一种套期保值的金融业务，极易被用于大宗物料（如钢材）的市场投机，为防止虚假交易的产生，金融机构通常要引入专业的第三方物流机构，对供应商上下游企业的货物交易进行监管。

存货类融资指企业以存货作为质押，经过专业的第三方机构的评估和证明后，金融机构向其进行授信的一种融资方式。

下面以一家企业使用供应链金融的实际状况做一个说明。

浙江一家大型民企（简称B公司）有300多家供应商，很多中小供应商面临两难困境：一是应收账款回款存在账期，资金安排趋紧；二是银行融资困难重重，主要是银行贷款准入门槛高（对资质、规模、额度都有要求），申请周期长（要走授信、签约、放款一系列手续），贷款条件严格，要求有抵押、质押、担保，并且银行的利率上浮与各项费用导致资金价格高。

在这种情况下，企业供应链管理部门引入国内A银行（在这方面银行提供的服务模式大同小异）的服务，A银行与B公司整合双方资源，A银行通过受让B公司上游供应商对其供货和提供服务所产生的应收账款，为B公司遍布全国的上游供应商提供"一点接入，全国共享"的全流程网络保理服务。业务流程如图8-3所示。

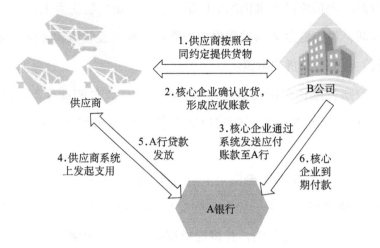

图8-3　A银行与B公司的供应链金融业务流程

在这种模式下，供应商进入门槛低，经核心企业推荐，符合下列条件即可。

- 与核心企业有六个月（含）以上交易记录的遍布全国的供应商。
- 三年内企业及实际控制人无不良信用记录。
- 银行信用评级e级（含）以上。

银行信用评级参照供应商与核心企业的合作情况（合作年限、交易活跃度、交易金额排名情况、纠纷记录、综合评价）以及企业及企业主征信情况综合评定。

该模式业务速度快且便捷，操作非常简单，一共四步：网上报名、业务申报、电子签约、贷款支用（见图8-4）。

图 8-4　银行与企业的供应链金融操作步骤

通过供应链金融，供应商减少了账期资金占用，融资渠道更加丰富，融资成本更有竞争力，操作方便快捷。

供应链金融在我国仍然处于初步发展阶段，不过受益于应收账款、商业票据以及融资租赁市场的不断发展，供应链金融现阶段发展较为迅速。目前国内供应链金融集中在计算机通信、电力设备、汽车、化工、煤炭、钢铁、医药、有色金属、农副产品及家具制造等行业。供应链金融行业的竞争包含了商业银行、核心企业、物流企业、电商平台等各个参与方。我国供应链金融市场规模据称已经超过10万亿元。

未来，在国家支持政策和"互联网+"、区块链技术的推动下，包括商业银行、核心企业、物流企业、供应链协作企业、电商平台等在内的各方参与主体将利用自身的优势在供应链金融领域展开充分的合作和竞争。未来，中国的供应链金融领域必将产生多样化的发展模式和创新服务类型，从而成为中国产业结构调整和国民经济发展转型的重要抓手，未来中国的供应链金融有望迎来发展黄金时期，发展前景十分广阔。但供应链金融不是大企业转嫁或拉长账期的一种方式。中国人民大学商学院宋华教授所著的《供应链金融》《互联网供应链金融》对供应链金融有系统全面的阐释。

第四节　供应链技术创新展望

未来已来，拥抱变化。我们的世界正以惊人的速度进化，一夜醒来，已有许多新名词出现，现在非常多的工作是十年前没有的。新技术正在改变着人类的生活。对于企业供应链而言，有四种技术带来了颠覆性的变化。

- 客户端的大数据技术与虚拟现实技术。
- 在制造工厂端的智能制造与信息化技术（规模定制变成了可能）。
- 在物流端的无人机、自动驾驶技术。
- 重构信任关系底层逻辑的区块链技术。

智慧供应链、物联网正在以惊人的速度来到人们生活中。你可以设想以下这样的生活场景（以下为科技幻想，但有可能已经发生）。

陈小明是明天科技公司供应链管理部的采购工程师，星期天一家人想吃个比萨饼，于是陈小明打电话到必胜客。

客服：您好，必胜客。陈先生，请问有什么需要吗？

顾客：您好。您怎么知道我姓陈？

客服：您上次订过餐，您的手机号已经关联我们的客户关系管理系统。

顾客：我想要一个海鲜比萨饼。

客服：您好，陈先生，海鲜比萨饼可能不太适合您。

顾客：为什么？

客服：根据您的医疗记录，您的血压和胆固醇都偏高，您可以试试我们的低脂健康比萨饼。

顾客：你怎么知道我会喜欢吃这种的？

客服：您上星期一在图书馆借了一本《低脂健康食谱》。

顾客：好。那我要一个家庭特大号比萨饼，多少钱？

客服：99元，这个足够您一家六口吃了。但您母亲应该少吃，她上个月刚做了心脏搭桥手术，还处在恢复期。另外，今天是您儿子小小明的生日，祝他生日快乐，我们会在比萨饼上，以他喜欢的字体，写上"祝小小明生日快乐"，您看是否可以？

顾客：好，就订这个。

客服：根据定位，您在家中，那么我们还是把它送到您家中的地址××3号楼605室，用××卡支付可以吗？

陈小明：可以。

客服：好的，无人机已开始送餐，预计7分钟送到，届时开窗，祝您用餐愉快。

必胜客的场景：接陈小明电话的，是一个机器人。机器人通完电话，一个特大号低脂健康比萨饼生产订单已经在系统自动生成，厨房内无人，全自动流水线机器自动识别订单信息，在每道工序上自动配料，自动生产，包括用奶油写上"祝小小明生日快乐"。自动化包装后，生产线后方的无人机抓取订单，飞往陈小明家中。

供应商的场景：面粉供应商的ERP系统与必胜客的ERP系统用高级排程系统连接在一起，必胜客的ERP系统给出某种产品缺货的指令，面粉供应商用管道直接自动补库存，并拉动该产品的加工生产环节。结合大数据，需求预测的准确率已经高达99%。

周一早晨。陈小明要去公司上班。通常他是在家中工作，但HR今天要和他聊一下工作调整的事情。明天科技公司坚持凡有员工岗位调整，要见面沟通，以人为本。

陈小明乘坐无人驾驶的共享汽车到达公司，公司早已取消打卡，以工作成果而非出勤率考核员工。明天科技公司HR告知陈小明，随着IT与流程的改进，他以前负责的物料成本分析工作在上个月与外部大数据连接，现在不需要人工核算了。陈小明有这个心理准备，因为在最早，陈小明负责给供应商下单，后来被供应商关系管理系统取代后，陈小明才改成做物料成本分析。现在连物料成本分析工作也被系统替代了。还好陈小明已经做好了工作转型的准备。HR 根据陈小明的学习经历、兴趣爱好进行 DISC[①]分析，建议陈小明用教练方式激发供应商，与供应商一道进行数据和业务流程改进，并采集供应商能力信息，进行创意比赛。陈小明愉快地接受了这份工作。

B2B 行业变化没有 B2C 行业快，但随着区块链的应用，去中心化、信任机制、信用评价系统已经建立，人更多的是参与流程与数据的建设。一方面，科技在改变人类，为供应链带来信息的无缝连接，为生活带来便利。另一方面，科技的广泛应用带来了安全问题，一些大型公司掌握着平台级的操作系统与数据，个人隐私保密问题已经凸显。一些科技公司利用大数据，来操纵人的消费行为，用大量杀熟的方式收取超额利润，美国一些政客用大数据来左右选举，各国开始对大数据与个人隐私保护立法。区块链的货币功能让大量投机者疯狂涌入。这些问题的最终解决，一方面要依靠科技进步，另一方面还要靠我们的敬畏心与自律能力。

未来已来，过去的很多不可能今天已成为现实。何等幸运，我们能见证这样的时代。停止抱怨，主动拥抱变化，勇敢打破企业边界，用科技改变世界，用社会责任使世界变得更美好。最后，提出一个开放式的问题：今天，我们供应链管理人做什么，可以让十年以后的生活变得更美好？今天，我们供应链管理人做什么，可以让世界多一种可能？

让我们一起去畅想，一起去创造，一起去见证！

[①] 一种行为测验方法，四个字母分别代表：支配性（dominance）、影响性（influence）、稳定性（steadiness）、服从性（compliance）。

第八章 趋势：供应链发展展望 211

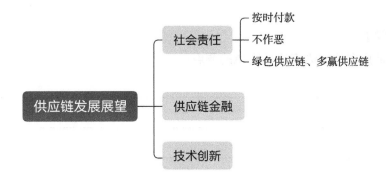

学以致用

【学】
请用自己的语言描述本章的要点：

【思】
描述自己企业的相关经验与本章的启发：

【用】
我准备如何应用？我希望看到的成果是什么？

会遇到哪些障碍？

解决障碍有哪些方法、措施、资源？

我的行动计划：

后记

供应链奋斗者一路同行

每年优链学堂都会举办"灯塔之光——供应链奋斗者千人峰会",来自全国各地的各行各业的供应链奋斗者都会齐聚峰会现场,聚焦当下,放眼未来,共享真知,创造价值!

在大会上,优秀的供应链人分享最佳实践成果,让更多的供应链人互相激励、携手共进!

作为一名供应链管理者,我心怀感激:感谢所有在供应链领域做出杰出贡献的实践者,感谢他们奋斗创新、创立典范、强企兴国。

作为一名供应链管理者,我心怀梦想又脚踏实地,我将学习成长与岗位贡献相结合,拓展人生格局、共建丰盛生态。战略、流程、团队与数字化是我的布局;质量、成本、交期、库存是我的贡献。我们拥抱变化,心怀正念、利他精进,以客户为中心,与销售协同,与研发合作,与供应伙伴共舞。我们让产品更加物美价廉,我们让供应链更加敏捷强壮,我们让世界更加美好。

为了我们的梦想，向着美好的未来，中国供应链奋斗者共同约定：

- 恪守职业道德，爱岗敬业，阳光廉洁。
- 以专业赢得尊重，靠奋斗成就未来。
- 贡献价值，高效协作。
- 按时付款，双赢合作。

奋斗者永远年轻！
向中国所有的供应链奋斗者致敬！
让供应链管理成为中国腾飞的核心竞争力！

| 获取更多价值 |

很高兴大家能翻阅到这一页,本书只是我们想为你提供价值的冰山一角,你还可以通过以下渠道和方式直接与作者和供应链领域的同行者互动交流,获取更多价值。

优链学堂由中国著名供应链实战导师姜宏锋发起,由130多名优秀灯塔讲师组成(这群灯塔讲师均是来自世界500强或行业标杆企业的采购与供应链经理人,他们身具实战经验,以利他精进的精神,推动中国采购与供应链发展。灯塔计划已成为一种新的供应链社群模式,目的是共创具有实战性、完整性的供应链体系解决方案)。

优链学堂始终专注于供应链体系升级、供应链人才发展,为高速发展的中国本土企业提供一站式供应链实效解决方案,引领供应链实践创新,助力客户少走弯路,加速成为行业领导者,强企兴国。

优链学堂一站式服务形式包括提供供应链管理、采购、供应商管理、质量改进等方向的公开课、内训、咨询辅导,让企业从系统、专业、实战、落地四个维度实现供应链创新。